THOMAS SOWELL

A BUSCA DA
JUSTIÇA CÓSMICA

COMO A ESQUERDA USA A JUSTIÇA SOCIAL PARA ASSOLAR A SOCIEDADE

THOMAS SOWELL

A BUSCA DA
JUSTIÇA CÓSMICA

COMO A ESQUERDA USA A JUSTIÇA SOCIAL
PARA ASSOLAR A SOCIEDADE

Traduzido por:
Ana Beatriz Rodrigues

2ª edição

São Paulo | 2023

TÍTULO ORIGINAL: *The Quest for the Cosmic Justice*

Copyright © 1999 – Thomas Sowell

Os direitos desta edição pertencem à LVM Editora, sediada na
Rua Leopoldo Couto de Magalhães Júnior, 1098, Cj. 46
04.542-001 • São Paulo, SP, Brasil
Telefax: 55 (11) 3704-3782
contato@lvmeditora.com.br

GERENTE EDITORIAL | Chiara Ciodarot
EDITOR-CHEFE | Pedro Henrique Alves
TRADUTORA | Ana Beatriz Rodrigues
COPIDESQUE | Roberta Sartori
REVISÃO ORTOGRÁFICA E GRAMATICAL | Laryssa Fazolo
PROJETO GRÁFICO E CAPA | Mariangela Ghizellini
DIAGRAMAÇÃO | Rogério Salgado / Spress

Impresso no Brasil, 2023

Dados Internacionais de Catalogação na Publicação (CIP)
Angélica Ilacqua CRB-8/7057

S693b	Sowell, Thomas
	    A busca da justiça cósmica : como a esquerda usa a justiça social para assolar a sociedade / Thomas Sowell ; tradução de Ana Beatriz Rodrigues. – São Paulo, 2ª edição. LVM Editora, 2023
	    176 p.
	
	    Bibliografia
	    ISBN 978-65-5052-090-8
	    Título: The Quest for the Cosmic Justice
	
	    1. Justiça social 2. Igualdade I. Título II. Rodrigues, Ana Beatriz

22-2061	cdd-303.3

Índice para catálogo sistemático:
1. Justiça social

Reservados todos os direitos desta obra.
Proibida a reprodução integral desta edição por qualquer meio ou forma, seja eletrônica ou mecânica, fotocópia, gravação ou qualquer outro meio sem a permissão expressa do editor. A reprodução parcial é permitida, desde que citada a fonte.
Esta editora se empenhou em contatar os responsáveis pelos direitos autorais de todas as imagens e de outros materiais utilizados neste livro. Se porventura for constatada a omissão involuntária na identificação de algum deles, dispomo-nos a efetuar, futuramente, as devidas correções.

SUMÁRIO

PREFÁCIO 7

CAPÍTULO 1 - A busca da justiça cósmica.................... 13
    DESIGUALDADES E INJUSTIÇAS 16
    SIGNIFICADOS DE JUSTIÇA 22
        Exigências para justiça cósmica........................ 24
        "Mérito" e justiça cósmica............................ 30
        Os custos da justiça.................................. 35
    CONSEQUÊNCIAS DA BUSCA PELA JUSTIÇA CÓSMICA 46

CAPÍTULO 2 - A miragem da igualdade 53
    SIGNIFICADOS DE IGUALDADE 56
        Igualdade e desigualdade econômica.................... 57
        Igualdade e desigualdade de desempenho................ 61
        Cultura versus igualdade.............................. 62
    CONSEQUÊNCIAS ECONÔMICAS DA "IGUALDADE" 70
        Diferenciais salariais................................ 70
        "Redistribuição" de renda............................. 71
        Quando "igualdade" promove desigualdade............... 74
    O ALTO CUSTO DA INVEJA 77
        Grupos mais pobres.................................... 77

     O cão na manjedoura 79
     Tomadores de decisão 81
     Autoridade e diferenciação 84
     A insaciabilidade da inveja 86
LIBERDADE VERSUS IGUALDADE 88

CAPÍTULO 3 - A tirania das visões ... 93

VISÕES DE GUERRA E PAZ 96
     O caminho que levou à Segunda Guerra Mundial 101
     A Guerra Fria 110
VISÕES SOCIAIS 112
     O Imperialismo, de Lênin 114
     Reforma social 119
RESUMO E CONCLUSÕES 123

CAPÍTULO 4 - A silenciosa revogação da Revolução Americana... 133

O ESTADO DE DIREITO 139
     Processos iguais versus *resultados iguais* 141
     Direitos de propriedade 150
     Ativismo judicial 154
     Ônus da prova 157
JUSTIÇA CÓSMICA VERSUS LIBERDADE DEMOCRÁTICA 160
     Definições 160
     Comprando e vendendo liberdade 163
RESUMO E CONCLUSÕES 167

[PREFÁCIO]

PREFÁCIO

Princípios gerais, como "justiça" ou "igualdade", são intensamente invocados ao longo de discussões sobre as questões corriqueiras, mas tais termos normalmente não são definidos, tampouco corretamente examinados. Na maioria das vezes, poderíamos ganhar muito mais analisando o que queremos dizer com essas noções do que tentando convencer terceiros ou confundi-los. Se entendêssemos o que realmente estávamos dizendo, em muitos casos, talvez nem o disséssemos ou, se o fizéssemos, poderíamos ter uma melhor chance de fazer com que nossos motivos fossem compreendidos por aqueles que discordam de nós. A inebriante pressa da retórica e dos pontos de vista é matéria da política no dia a dia e assunto de discussões cotidianas na mídia. Isso torna ainda mais importante que, em algum momento, recuemos e analisemos o que se esconde, de fato, sob tais conceitos. Este livro é uma tentativa de fazê-lo.

As ideias aqui discutidas foram tomando forma ao longo de um extenso período. O título do ensaio evoluiu de um artigo que apresentei em St. Gallen, Suíça, em 1982, sobre "*Trade-offs* e justiça social" ["*Trade-offs and Social Justice*"]. Em 1984, o artigo foi reformulado e mais detalhadamente elaborado em outro artigo intitulado "Social Justice Reconsidered" ["Justiça Social Reconsiderada"], distribuído a várias pessoas em todo o país, entre elas Milton Friedman (1912-2006) e Mancur Olson (1932-1998). Às críticas tipicamente incisivas do professor Friedman seguiu-se a opinião de que "vale o esforço necessário para colocá-lo em forma". Os comentários do professor Olson foram igualmente críticos e talvez não exatamente encorajadores. Eu também percebi as dificuldades daquela versão preliminar, cuja forma era acadêmica e radicalmente diferente da que aparece neste livro.

Ao longo dos anos, o "Social Justice Reconsidered" desenvolveu-se no "The Quest for Cosmic Justice" ["A Busca da Justiça Cósmica"], mais uma vez totalmente reformulado, embora ainda não concluído, mesmo depois de uma década. Tampouco era certo que um dia seria concluído, considerando-se os diversos outros projetos nos quais eu estava envolvido. Entretanto, na primavera de 1996, algumas observações particularmente imaturas feitas por um de meus colegas em Stanford não só provocaram minha ira como também me convenceram de que havia uma necessidade real de desemaranhar o tipo de confusão que poderia levar qualquer adulto sensato a dizer o que ele havia dito – e que muitas outras pessoas estavam dizendo. Voltei para casa e, de imediato, retomei o trabalho no artigo sobre justiça cósmica, escrevendo-o agora ao público geral, não ao mundo acadêmico.

Mais para o final de 1996, a nova versão foi concluída e eu apresentei "A Busca da Justiça Cósmica" no formato de palestra, na Nova Zelândia. Para minha agradável surpresa, extensos trechos da palestra foram publicados nos principais jornais do país. Essa cobertura da imprensa, bem como a recepção entusiasmada da palestra por um público não acadêmico, convenceu-me de que se tratava de algo que o público em geral entenderia – talvez mais prontamente do que alguns acadêmicos, presos aos modismos intelectuais da época.

Os outros ensaios deste livro também evoluíram ao longo de um período de anos e dentro de uma estrutura de pensamento que hoje lhes confere uma coerência coletiva, ainda que tenham sido escritos como artigos independentes. As ideias centrais em "Visions of War and Peace" ["Considerações Sobre Guerra e Paz"] apareceram pela primeira vez em um artigo com o mesmo título, o qual publiquei em 1987, no periódico britânico *Encounter*. A versão atual e muito mais enxuta é agora uma seção no ensaio "A tirania das visões".

Tenho muito a agradecer à generosidade de Milton Friedman e do falecido Mancur Olson em suas críticas ao artigo anterior, voltado ao público acadêmico, mas, obviamente, eles não compartilham qualquer responsabilidade por eventuais limitações da atual versão, muito diferente e destinada a um público mais geral. Em um mundo realmente justo, eu teria também que reconhecer minha dívida para com meu colega cujo raciocínio medíocre me levou a agir. Entretanto não o farei nominalmente em respeito à colegialidade e às leis difamatórias em uma sociedade litigiosa.

Thomas Sowell

Rose and Milton Friedman Senior Fellow
Hoover Institution
Stanford University

[CAPÍTULO 1]

Capítulo 1
A busca da justiça cósmica

...justiça, ah, se ao menos soubéssemos o que é.
— Sócrates

Um dos poucos assuntos sobre os quais todos parecemos concordar é a necessidade de justiça. Mas apenas *parecemos*[1] concordar, porque indicamos coisas muito diferentes com a mesma palavra. Qualquer que seja o princípio moral em que cada um de nós acredite, nós o chamamos de justiça; portanto, ao afirmarmos que defendemos a justiça, estamos andando em círculos, a não ser que especifiquemos exatamente qual conceito de justiça temos em mente. Isso é assim especialmente nos dias de hoje, quando muitos defendem o que chamam de "justiça social" – muitas vezes com grande paixão, mas sem definir o que isso de fato seja.

Toda justiça é inerentemente social. Pode alguém, em uma ilha deserta, ser justo ou injusto?

---

[1] Os itálicos de ênfase são todos do autor. (N. E.)

DESIGUALDADES E INJUSTIÇAS

Se justiça social pode ser distinguida de qualquer outra concepção de justiça, é provavelmente por sua reação contra as enormes desigualdades de renda e riqueza que vemos ao nosso redor. No entanto as reações contra tais desigualdades não se limitam aos que proclamam a "justiça social". Não foi um escritor radical, mas sim o economista defensor do livre mercado Milton Friedman que mencionou "as graves desigualdades de renda e riqueza" que "ofendem a maioria de nós" e declarou: "Poucos deixam se comover diante do contraste entre o luxo desfrutado por alguns e a miséria absoluta sofrida por outros"[2].

Embora tais posicionamentos, com frequência, tenham sido associados à esquerda, muitos dos pensadores e escritores identificados como "conservadores", há muito, expressam posicionamentos semelhantes, opondo-se não apenas às desigualdades econômicas, mas também às desigualdades extremas de poder e respeito. Dois séculos atrás, Adam Smith (1723-1790), pai do conceito de *laissez-faire*, deplorou não apenas a insensibilidade dos ricos e poderosos de sua época, "que nunca consideram seus inferiores como seus semelhantes", mas deplorou também nossa "subserviência para com nossos superiores" e "o tolo deslumbre e admiração" demonstrada pela "violência e injustiça dos grandes conquistadores"[3].

Enquanto alguns escritores conservadores aqui e ali tenham tentado justificar as desigualdades com base no "mérito", a maioria não o fez. O falecido economista ganhador do Nobel e defensor do livre mercado Friedrich A. Hayek (1899-1992), por exemplo, declarou: "o modo pelo qual os benefícios e encargos são distribuídos pelo mecanismo de mercado teria que, em muitos casos, ser considerado injusto se fosse o resultado de uma alocação intencional a determinadas pessoas". O único motivo pelo qual ele não o considerava injusto era porque "as peculiaridades de uma ordem espontânea não podem ser justas ou injustas"[4]. A ausência de intenção pessoal em uma ordem espontânea

---

[2] FRIEDMAN; MILTON; ROSE. *Free to Choose*. Nova York: Harcourt Brace Jovanovich, 1980. p. 146. Edição portuguesa: *Liberdade para escolher*. Alfragide: Editora Lua de Papel, 2012. (N. E.)
[3] SMITH, Adam. *The Theory of Moral Sentiments*. Indianapolis: Liberty Classics, 1976. p. 115, 120, 355. Edição brasileira: *Teoria dos sentimentos morais*. 2ª ed. São Paulo: WMF Martins Fontes, 2015. (N. E.)
[4] HAYEK, Friedrich A. *Law, Legislation and Liberty, Vol. 2*: The Mirage of Social Justice. Chicago: University of Chicago Press, 1978. p. 33, 64.

– um cosmos, na definição de Hayek[5] – significa ausência de justiça ou injustiça. "A natureza não pode ser justa nem injusta", afirmou.

> somente se nossa intenção for culpar um criador pessoal faz sentido descrever como injusto o fato de uma pessoa ter nascido com um defeito físico, ou tenha sido acometido por uma doença, ou tenha sofrido a perda de um ente querido[6].

Outros que compartilham uma visão similarmente secular, muitas vezes, são levados a personificar a "sociedade", a fim de reintroduzir conceitos de responsabilidade moral e de justiça no cosmos, na tentativa de retificar os trágicos infortúnios de indivíduos e grupos por meio da ação coletiva em nome da "justiça social". Entretanto essa ação coletiva não se limita a corrigir as consequências de decisões *sociais* ou outra ação social coletiva, mas se estende também a mitigar os infortúnios daqueles com deficiências físicas e mentais, por exemplo. Em outras palavras, busca mitigar e tornar mais justos os infortúnios imerecidos oriundos do cosmos, bem como da sociedade. Ela busca produzir justiça cósmica, indo além da justiça rigorosamente *social*, que se torna apenas um aspecto da justiça cósmica.

Como disse o filósofo Thomas Nagel, "a gama de possibilidades ou prováveis cursos de vida abertos a um dado indivíduo é limitada, em grande medida, pelo seu nascimento" – que inclui não apenas a classe social e o ambiente doméstico no qual aconteceu de ele ter nascido, mas também "sua herança genética". Esse último fator, em especial, é nitidamente não social. No entanto "do ponto de vista moral", afirma o professor Nagel, "não há nada de errado com o Estado mexer – com essa distribuição" de oportunidades de vida, distribuição essa que "não tem qualquer santidade moral"[7]. Portanto, nessa perspectiva, a fim de "proporcionar igualdade de oportunidades, é necessário compensar, de alguma maneira, os pontos de partida desiguais que as pessoas ocupam"[8]. Nesse sentido, a diferença entre Nagel e Hayek não está na compreensão das dolorosas desigualdades que ambos reconhecem, mas sim em suas respectivas concepções de justiça.

---

[5] *Ibid.*, Vol. 1: *Rules and Order*. Chicago: University of Chicago Press, 1973, *Capítulo 2*.
[6] *Ibid.*, Vol. 2: *The Mirage of Social Justice*, p. 31-32.
[7] NAGEL, Thomas. The Meaning of Equality. *Washington University Law Quarterly*, v. 1979. p. 28.
[8] *Ibid.*, p. 27.

Mesmo aqueles poucos escritores que tentaram justificar as desigualdades com base no mérito estão, ainda assim, admitindo que as desigualdades são coisas que exigem justificativa. Praticamente ninguém considera tais desigualdades agradáveis em si mesmas. Se o mundo fosse mais igual do que é, seria difícil ver quem teria razões para reclamar, muito menos razões justas.

Tampouco deveríamos imaginar que diferenças econômicas quantificáveis ou desigualdades políticas e sociais esgotem as deficiências dos menos afortunados. Profissionais abastados têm acesso aos tipos de fontes de conhecimento livre e conselhos gratuitos de amigos e parentes altamente instruídos e bem-informados; talvez, em momentos de crise, possam até contar com ajuda financeira substancial dessas mesmas fontes. Eles, além disso, tendem a ter mais acesso a indivíduos com poder político, seja por meio de contatos diretos ou pelo simples fato de serem capazes de apresentar-se de forma articulada em condições aceitáveis às elites políticas. E mais, o fato de as pessoas abastadas terem a tendência a aparentarem ser bem-informadas reduz sua probabilidade de serem vítimas de vigaristas que se aproveitam dos ignorantes e dos pobres. Mesmo em negócios legítimos, "os pobres pagam mais", já dizia o título de um livro publicado há alguns anos, pois é mais caro oferecer bens e serviços em bairros de baixa renda e alta criminalidade, onde o custo dos seguros e de outras despesas custam mais[9]. Em suma, as desigualdades estatísticas sequer começam a esgotar as vantagens dos privilegiados ou as desvantagens dos desprivilegiados.

Com pessoas em praticamente todo o espectro ideológico sendo ofendidas pelas desigualdades e suas consequências, por que essas desigualdades continuam existindo? Por que não nos unimos para colocar um ponto final nelas? Talvez a explicação mais convincente seja a que nos ofereceu Milton Friedman:

> Uma sociedade que coloca a igualdade – no sentido da igualdade de renda – acima da liberdade acabará sem igualdade e sem liberdade. O uso da força para alcançar a igualdade destruirá a liberdade, e a força, introduzida com bons propósitos, acabará nas mãos de pessoas que a utilizam para promover seus próprios interesses[10].

---

[9] O livro não considerou essas diferenças relacionadas ao custo, mas a questão foi observada em WILLIAMS, Walter E. Why the Poor Pay More: An Alternative Explanation. *Social Science Quarterly*, v. 54, n. a, Sep. 1973, p. 372-379.
[10] FRIEDMAN; MILTON; ROSE. *Free to Choose*, p. 148.

Qualquer que seja a validade desse argumento – e basta-nos pensar nos horrores de Josef Stálin (1878-1953), Mao Tsé-Tung (1893-1976) e Pol Pot (1925-1998) para percebermos que dolorosas possibilidades não são meras fantasias – ele rejeita a uniformização política direta dos resultados econômicos porque os custos são considerados altos demais. Mesmo assim, não encontra virtude positiva na desigualdade. Mas e quanto àqueles que não rejeitam o custo como muito alto? Será que eles simplesmente têm uma avaliação diferente desses custos e riscos? Ou seguem em frente prestando pouca ou nenhuma atenção à questão?

Um exemplo trivial pode ilustrar alguns dos custos de corrigir os mesmos tipos de desigualdades e injustiças: em São Francisco, em 1996, um parente de um dos administradores municipais ligou para uma pizzaria e pediu que uma pizza fosse entregue na sua casa. Ele foi informado que a empresa não fazia entregas onde ele morava, cujo lugar, por acaso, ficava em um bairro com alto índice de criminalidade. Imediatamente houve uma explosão de indignação moral. Foi então aprovada uma lei decretando que quem fizer entregas ao público em uma parte da cidade terá que entregar em todas as outras também.

Aqui, nesse simples exemplo, temos todos os elementos da busca pela justiça cósmica. Como a maioria das pessoas não criminosa, mesmo em um bairro onde a criminalidade é alta, um grande número de pessoas inocentes acabam arcando com custos adicionais impostos a elas sem que tenham feito nada para isso – neste caso, trata-se do custo de não poder receber entregas de comida, móveis, encomendas, entre outras coisas, facilidades essas que os demais sequer valorizam em outras partes da cidade. Essas pessoas são tratadas de forma desigual. De uma perspectiva cósmica, isso é uma injustiça, no sentido de que, se fôssemos criar o universo do zero, certamente não optaríamos por incluí-la.

No entanto, diferentemente de Deus no início da Criação, não podemos apenas afirmar "Haja igualdade!" ou "Haja justiça!". Devemos começar com o universo no qual nascemos e ponderar os custos de se realizar qualquer mudança específica nele a fim de atingirmos um fim específico. Não podemos simplesmente "fazer algo" sempre que formos tomados pela indignação moral, desdenhando os custos envolvidos. Nesse exemplo que exploramos, o aumento nos custos provavelmente incluiria caminhoneiros mortos. Nos bairros americanos de alta criminalidade, a probabilidade de um dado jovem que mora lá ser assassinado é maior do que a probabilidade de qualquer soldado americano morrer na Segunda Guerra. Embora as chances não sejam tão altas no caso de entregadores em bairros violentos, elas também não são desprezíveis. Tampouco devemos ignorar a possibilidade de um estranho poder atrair mais atenção e ressentimento, resultando em riscos maiores.

Uma vez que tenhamos começado a considerar quantas entregas valem quantos caminhoneiros mortos, teremos abandonado a busca por justiça cósmica e reduzido nossas escolhas a uma escala mais humana de pesar custos *versus* benefícios. Em um amplo espectro de questões, a diferença entre buscar a justiça cósmica e buscar a justiça tradicional depende da extensão na qual os custos são pesados. A enorme diferença que isso pode fazer precisa ser explicitada, para que não fiquemos em um diálogo de surdos sobre um assunto importante como justiça.

A justiça cósmica não está apenas em um grau mais elevado que a justiça tradicional; trata-se de um conceito fundamentalmente diferente. No geral, justiça ou injustiça é característica de um *processo*. Um réu de uma ação criminal teria recebido justiça se o julgamento tivesse sido realizado sob regras justas, com júri e juiz imparciais. Depois de um julgamento nesses moldes, seria possível dizer que "a justiça foi feita" – independentemente de o corolário ter sido uma absolvição ou uma execução. Por outro lado, se o julgamento foi conduzido com violação de regras e com um juiz ou júri demonstrando preconceito contra o réu, o julgamento seria considerado parcial ou injusto – mesmo que, em última análise, o promotor não tenha conseguido convencer um número suficiente de jurados a condenar uma pessoa inocente. Em suma, a justiça tradicional envolve processos imparciais, e não resultados ou perspectivas.

Concepções semelhantes de justiça ou de equidade se estendem para além do sistema legal. Uma "luta justa" é aquela em que os dois combatentes observam as regras, independentemente de o resultado levar a um empate ou nocaute. Aplicar as mesmas regras do beisebol a todos significaria que Mark McGwire rebateu 70 *home runs*, enquanto outros jogadores rebateram menos de 10. "*The career open to talents*"[11] ou "a igualdade de condições" normalmente significam que todos seguem as mesmas regras e são julgados pelos mesmos padrões. Repetindo, se o processo em si atinge esse padrão, então não importa qual seja o resultado, "você teve sua chance". Porém não é a isso que as pessoas se referem quando falam em "justiça social". Na verdade, regras e padrões igualmente aplicáveis, muitas vezes, são deliberadamente colocados

---

[11] Em tradução livre: "A carreira aberta a talentos". (N. T.)

de lado na busca da "justiça social". Tampouco tais aberrações são exceções. Os dois conceitos[12] são mutuamente incompatíveis.

O que a "justiça social" procura fazer é eliminar as desvantagens imerecidas para determinados grupos. Como no caso da entrega de pizza em São Francisco, isso normalmente é feito desconsiderando os custos para outros indivíduos ou grupos – ou mesmo para as exigências da sociedade como um todo. Quando se considera uma sociedade como a do Sri Lanka, onde preferências por grupos iniciadas na década de 1950 levaram a décadas de conflito internos, culminando em uma amarga guerra civil com inúmeras atrocidades, não seria fantasioso considerar que outras sociedades podem se tornar mais polarizadas e conflituosas – em detrimento de todos, em última instância – por esquemas semelhantes de tratamento preferencial dispensado a um segmento da sociedade. As relações intergrupais nos Estados Unidos, por exemplo, nunca foram tão boas quanto uma vez foram no Sri Lanka – nem, felizmente, tão ruins quanto mais tarde acabaram se tornando naquele país.

Em busca por justiça para um segmento da sociedade, desconsiderando as consequências para a sociedade como um todo, o que é chamado de "justiça social" pode ser mais precisamente chamado de justiça *antissocial*, uma vez que o que é constantemente ignorado ou descartado são precisamente os custos para a sociedade. Tal concepção de justiça busca corrigir não apenas atos discriminatórios ou tendenciosos cometidos por indivíduos ou instituições sociais, mas desvantagens imerecidas em geral, qualquer que seja sua origem. Nos processos penais americanos, por exemplo, antes de um assassino ser sentenciado, a lei permite que seus problemas na infância sejam levados em conta. Raramente se pode alegar que uma vítima de assassinato tinha alguma coisa a ver com aquela infância presumidamente problemática do assassino. Em um famoso caso de homicídio ocorrido em 1996, na Califórnia, a vítima era uma menina de doze anos que ainda nem havia nascido quando o assassino supostamente estava passando por sua infeliz infância. Somente de uma perspectiva cósmica a infância difícil do assassino teve alguma influência no crime.

Se a finalidade da punição é impedir o crime, seja servindo de exemplo ou colocando criminosos existentes atrás das grades ou no cemitério, nesse caso, mitigar a punição em busca da justiça cósmica presumivelmente significa reduzir as prisões e permitir que outros crimes ocorram à custa de inocentes. Em um plano mais mundano, o enorme aumento de tempo necessário para

---

[12] Isto é, justiça e igualdade. (N. E.)

refletir sobre os aspectos imponderáveis da infância de outra pessoa (e especulações afins) significa que o sistema de justiça criminal como um todo opera mais lentamente e que outros criminosos estão, portanto, andando pelas ruas, sob fiança, aguardando julgamento em um sistema judiciário sobrecarregado.

Os promotores que deveriam passar para outros criminosos depois de garantir a condenação de um assassino devem, em vez disso, dedicar ainda mais tempo para refutar alegações psicológicas. Mesmo que, ao final, essa especulação não afete o desfecho do caso em questão, ela afeta outros casos que ficaram no limbo enquanto tempo e recursos são dedicados para refutar teorias sem fundamento algum. Uma quantidade significativa dos crimes violentos cometidos nos Estados Unidos é praticada por criminosos de carreira que estão soltos nas ruas – e perseguindo inocentes – enquanto aguardam julgamento. Esse também é um dos custos da busca pela justiça cósmica.

Muitas, se não a maioria, das preocupações creditadas como "justiça social" giram em torno de desigualdades econômicas e sociais entre grupos. Mas os princípios gerais envolvidos são basicamente os mesmos dos outros exemplos de busca da justiça cósmica. Esses princípios têm sido proclamados por políticos e filósofos, desde o palanque até a sala de seminários e nas mais altas câmaras judiciais. Tais princípios merecem um maior escrutínio e uma definição mais precisa.

SIGNIFICADOS DE JUSTIÇA

Na década de 1960, o presidente Lyndon Johnson (1908-1973) fez uma das declarações clássicas da visão de justiça cósmica:

> Você não toma um homem que, durante anos, esteve acorrentado, liberta-o e o traz até a linha de partida de uma corrida, dizendo: "Você está livre para competir com todos os outros", e ainda acredita piamente ter sido completamente justo[13].

O famoso tratado do professor John Rawls (1921-2002), *Uma teoria da justiça*, apresenta a questão de uma maneira mais geral. Segundo Rawls, "desigualdades imerecidas exigem compensação", a fim de produzirem uma

---

[13] JORDAN, Barbara J.; ROSTOW, Elspeth D. *The Great Society: A Twenty-Year Critique.* Austin: Lyndon Baines Johnson Library, 1986. p. 71.

"genuína igualdade de oportunidade"[14]. Isso é "igualdade de oportunidade justa (em oposição à formal)"[15]. Em outras palavras, fazer com que todos sigam as mesmas regras ou sejam julgados pelos mesmos padrões é igualdade meramente "formal", na visão do professor Rawls, enquanto igualdade de oportunidade verdadeiramente "justa" significa proporcionar a todos perspectivas iguais de sucesso a partir de esforços individuais iguais.

Observe como a palavra "justo" tem um significado totalmente diferente nesse contexto. A justiça cósmica não trata das regras do jogo. Trata de colocar determinados segmentos da sociedade na posição em que estariam se não fosse pelo mesmo infortúnio imerecido. Essa concepção de justiça requer que terceiros exerçam o poder de controlar resultados, ignorar regras, padrões ou as preferências de outras pessoas.

Tais atitudes são encontradas desde os departamentos de admissão de faculdades até os mais altos tribunais de justiça do país. Assim, uma diretora de admissões na Standford University disse que nunca exigiu que os candidatos apresentassem as pontuações dos exames de admissão, porque "uma tal imposição poderia penalizar de maneira injusta estudantes carentes no processo de admissão universitário", uma vez que esses estudantes "muitas vezes, frequentam escolas secundárias que não os preparam adequadamente para os exames de admissão"[16]. S*em culpa alguma* – eis uma das expressões fundamentais na busca pela justiça cósmica. Atitudes como essas não são exclusivas de Stanford. Na verdade, são comuns em todo o país[17].

Em suma, nem todos devem ser julgados pelas mesmas regras ou padrões em um determinado processo; é preciso contrabalançar desigualdades preexistentes. Observe também que, mais uma vez, a busca pela justiça cósmica concentra-se em um segmento da população e desconsidera os interesses de outros que não são o foco imediato da discussão, mas que, mesmo assim, pagam o preço pelas decisões tomadas. Afinal, contribuintes e doadores fornecem,

---

[14] RAWLS, John. *A Theory of Justice*. Cambridge, Mass.: Harvard University Press, 1971. p. 100. Edição brasileira: *Uma teoria da justiça*. 4. ed. São Paulo: Martins Fontes, 2016. (N. E.)
[15] *Ibid.*, p. 275.
[16] FETTER, Jean H. *Questions and Admissions:* Reflections on 100,000 Admissions Decisions at Stanford. Stanford: Stanford University Press, 1995. p. 45.
[17] Vide, por exemplo, KRONHOLZ, John. As States End Racial Preferences, Pressure Rises To Drop SAT to Maintain Minority Enrollment. *Wall Street Journal*, February 12, 1998, p. A24; COLE, Nancy S., Educational Testing Service, "Merit and Opportunity: Testing and Higher Education at the Vortex", palestra apresentada na conferência New Direction in Assessment for Higher Education: Fairness, Access, Multiculturalism, and Equity (F.A.M.E.), Nova Orleans, Louisiana, March 6-7, 1997; SOWELL, Thomas. *Inside American.* Education: The Decline, the Deception, the Dogmas. Nova York: The Free Press, 1993. p. 122-126.

anualmente, bilhões de dólares para a educação da próxima geração, mas existe pouca ou nenhuma noção de responsabilidade para com eles no que diz respeito à maximização da produtividade da educação pela qual estão pagando ao invés de se envolverem com sentimentos autoindulgentes. Tampouco há qualquer preocupação com os efeitos sobre a sociedade como um todo de não se investir os recursos educacionais onde eles produzem o maior retorno.

Dado que "desigualdades imerecidas" vão além das decisões preconceituosas tomadas por terceiros a fim de abranger diferenças biológicas entre indivíduos e grupos – o fato de que as mulheres normalmente não são tão grandes ou fisicamente fortes quanto os homens, por exemplo –; além de profundas diferenças nas configurações geográficas em que raças e nações evoluíram culturalmente[18], para não mencionar diferenças individuais e grupais nas práticas de criação de filhos e valores morais; a justiça cósmica requer – ou presume – muito mais conhecimento do que aquele necessário para a justiça tradicional.

Exigências para justiça cósmica

Implícita em muitas discussões sobre a necessidade de corrigir as desigualdades sociais está a noção de que alguns segmentos da sociedade, não por sua culpa, carecem de coisas que outros recebem na forma de ganhos inesperados, por nenhuma virtude própria. Por mais verdadeiro que isso possa ser, o conhecimento necessário para intelectualmente compreender, quanto mais politicamente corrigir, essa noção é desconcertante e sobre-humano. Longe de a sociedade ser dividida entre aqueles que tem um pacote de benefícios mais ou menos padrão e outros sem tais benefícios; cada indivíduo pode ter tanto receitas inesperadas quanto desvantagens inesperadas, e a combinação específica de ganhos inesperados varia enormemente de indivíduo para indivíduo. Há quem seja agraciado com beleza física, mas careça de inteligência, há quem seja rico, mas tenha uma família desajustada, há quem tenha dotes atléticos, mas pouca habilidade de viver em sociedade... e assim por diante. Acrescente-se a isso as mudanças nas circunstâncias de cada indivíduo ao longo da vida – as vantagens e desvantagens relativas mudam com o passar dos

---

[18] Vide, por exemplo, SOWELL, Thomas. *Race and Culture:* A World View. Nova York: Basic Books, 1994. p. 235-246; SOWELL, Thomas. *Migrations and Cultures:* A World View. Nova York: Basic Books, 1996. p. 8-18; SOWELL, Thomas. *Conquests and Cultures:* An International History. Nova York: Basic Books, 1998. p. 10-12, 99-109, 175-177, 205-207, 251-255, 347-348.

anos – e as dificuldades de tão somente determinar as vantagens práticas que aumentam exponencialmente.

A título de exemplo, uma jovem de beleza incomum, por conta de sua aparência, pode conseguir muitas coisas, tanto pessoais quanto materiais, sem ter que desenvolver outros aspectos da sua mente e caráter. Entretanto, quando a idade começa a roubar-lhe a beleza da juventude, ela pode ficar muito menos capaz de lidar com essa situação do que outras que nunca puderam contar com o benefício de seu ganho inesperado anterior. O desafio de determinar o equilíbrio de numerosas vantagens e desvantagens inesperadas para um indivíduo em um determinado momento é suficientemente desafiador. Aplicar o mesmo para categorias inteiras de pessoas, cada uma delas em diferentes estágios de seus ciclos de vida individuais, em uma sociedade complexa e em constante mudança, sugere arrogância.

Ironicamente, alguns encontram nas complexidades do mundo uma razão para abandonar regras e padrões fixos em favor de ajustes específicos individuais. Por exemplo, um livro que tenta justificar as preferências raciais nas admissões nas universidades foi intitulado *O curso do rio* e surgiu de uma conversa a bordo de um barco:

> "Você precisa conhecer perfeitamente o curso do rio. É tudo o que resta para navegar em uma noite muito escura...".
> "Você quer dizer que tenho que conhecer todas as milhões de variações insignificantes nas formas nas margens deste rio sem fim tão bem quanto conheço a forma da entrada de casa?".
> "Palavra de honra, você tem que conhecê-las melhor"[19].

Pode alguém seriamente acreditar que os responsáveis pelas admissões na universidade podem conhecer tão bem os candidatos, somente equiparando suposições baseadas na psicologia popular e nas teorias sociais da moda ao conhecimento verdadeiro? Qualquer barco que operasse assim já teria encalhado há muito tempo.

Grande parte da busca pela justiça cósmica envolve categorias racionais, regionais, religiosas, entre outras, de pessoas que devem ser restauradas

---

[19] BOWEN, William G.; BOWEN, Derek. *The Shape of the River:* Long-Term Consequences of Considering Race in College and University Admissions. Princeton: Princeton University Press, 1998. p. v. Edição brasileira: *O curso do rio*. Rio de Janeiro: Editora Garamond, 2004. (N. E.)

à posição em que estariam se não fosse pelas inúmeras desvantagens que enfrentam, vindas de várias fontes. Entretanto cada grupo tende a trilhar a sombra de sua própria história cultural, bem como a refletir as consequências de influências externas. A história de cada um é produto de inúmeras contracorrentes, cujo *timing* e confluência não podem ser previstos de antemão nem desemaranhados *a posteriori*. Não existe uma história "padrão" que todos tenham ou teriam tido "se não fosse por" circunstâncias peculiares de grupos específicos, circunstâncias podem ser "corrigidas" para se ajustarem a alguma norma. Esclarecer tudo isso na busca pela justiça cósmica é uma tarefa muito mais desconcertante do que buscar pela justiça tradicional.

Aplicar as mesmas regras a todos não exige conhecimento prévio de aspectos da infância, herança cultural, orientação filosófica (ou sexual) de ninguém ou das inúmeras influências históricas aos quais seus antepassados possam ter sido submetidos. Se existem seres humanos capazes de fazer avaliações tão complexas, eles não podem ser numerosos. Dito de outra forma, os perigos de erros aumentam exponencialmente quando supomos conhecer tantas coisas, além da natureza de suas complexas interações. Em particular, é muito fácil sentir-se sobrecarregado por injustiças históricas claras e trágicas – e desviar-se dessas injustiças para adotar uma explicação de *causa-e-efeito* dos problemas contemporâneos. Sabemos, evidentemente, que causação e moralidade são duas coisas diferentes. Muitas vezes, porém, agimos como se não reconhecêssemos essa distinção.

Nos Estados Unidos, por exemplo, muitos dos problemas sociais da classe desfavorecida dos negros contemporâneos são quase automaticamente atribuídos a "um legado da escravidão". O predomínio de famílias sem pai nos guetos negros, por exemplo, tem sido amplamente explicado pela ausência de famílias legalmente constituídas durante a escravidão. No entanto, se formos além da plausibilidade e da culpa para, de fato, examinarmos os fatos, veremos surgir um quadro totalmente diferente.

Cem anos atrás, nos Estados Unidos, quando os negros constituíam apenas uma geração após o fim da escravidão, o índice de casamentos entre a população negra dos Estados Unidos era ligeiramente mais alto do que entre a população branca. A maioria das crianças negras foi criada com pai e mãe, mesmo durante a época da escravidão, e durante várias gerações posteriores. O catastrófico declínio da família nuclear negra começou, como tantas outras catástrofes sociais nos Estados Unidos, na década de 1960. Até então, a diferença no índice de casamentos entre negros e brancos nunca passou de 5%.

Hoje, porém, a diferença é de mais de 20%[20] – e vem aumentando, muito embora a família nuclear também esteja começando a diminuir entre os brancos americanos[21]. Qualquer que seja a explicação para essas mudanças, ela está muito mais próxima do presente do que da época da escravidão, por mais decepcionante que possa ser aos olhos de quem prefere enxergar nas questões sociais melodramas morais.

A trágica e monumental injustiça da escravidão costuma ser usada como explicação causal para outros fenômenos sociais, aplicando-se tanto a negros quanto a brancos no Sul dos Estados Unidos, onde se concentrou a escravidão – sem que nenhuma apuração dos fatos ou comparações com outras explicações mais mundanas fossem feitas. O fato de que há muitos negros americanos desempregados hoje também tem sido atribuído de forma causal (e, muitas vezes, também de forma casual) à escravidão. Mas, novamente, se voltarmos cem anos, veremos que, entre os negros, as taxas de participação na força de trabalho eram ligeiramente mais altas do que entre os brancos – e assim permaneceram até bem depois de meados do século XX[22]. Se quisermos saber por que a situação mudou, temos, mais uma vez, que examinar eventos e tendências muito mais próximos ao nosso tempo.

Também com relação à população branca, muitos observadores da América do século XIX identificaram diferenças sociais e econômicas marcantes entre os brancos do Sul e os brancos do Norte – os do Sul tinham menos instrução, apresentavam piores hábitos de trabalho, menos espírito de iniciativa, mais violência e menor capacidade inventiva, entre outras coisas. Mesmo observadores perspicazes como Alexis de Tocqueville (1805-1859) atribuíram tais diferenças, nas atitudes dos brancos sulistas, aos efeitos adversos da escravidão. Entretanto, se rastrearmos na Grã-Bretanha os ascendentes britânicos desses sulistas, encontraríamos os mesmos padrões sociais nessas e em outras coisas, muito antes de terem atravessado o Atlântico ou avistado o primeiro escravo negro.

As migrações da Grã-Bretanha, como as migrações de muitos outros países, eram de lugares altamente específicos nos países de origem para lugares altamente específicos no país de destino. A maioria das pessoas que

---

[20] Lembrando que essa obra foi originalmente lançada nos EUA, no final da década de 1990. (N. E.)
[21] U.S. Bureau of the Census, "Marital Status and Living Arrangements: March 1992", *Current Population Reports*, Series P-207 N° 468. Washington, D.C.: Government Printing Office, 1993. p. 1, 2.
[22] U.S. Bureau of the Census, *Historical Statistics of the United States:* Colonial Times to 1957. Washington, D.C.: U.S. Government Printing Office, 1961. p. 72.

se estabeleceram na colônia de Massachusetts, por exemplo, vieram de um raio de aproximadamente cem quilômetros de uma cidade na região de East Anglia. Aqueles que se estabeleceram no Sul vieram de diferentes regiões, com padrões culturais muito diferentes. Além disso, os contrastes culturais entre essas pessoas sobre os quais muitos, mais tarde, fariam comentários na América, já tinham sido notados e discutidos anteriormente na Grã-Bretanha, quando tais contrastes nada tinham a ver com a escravidão, prática que, na época, não existia no país.

Em princípio, todos nós podemos entender que, mesmo um grande mal histórico, não explica automaticamente todos os outros males subsequentes. No entanto, na prática, costumamos agir como se não o entendêssemos. O câncer pode, de fato, ser fatal, mas não explica todas as mortes, nem mesmo a maior parte delas.

O ponto principal aqui é como é fácil errar, por margens muito grandes, quando se supõe levar em conta influências histórias complexas. As exigências de justiça cósmica excedem, e muito, as da justiça tradicional – e excedem muitíssimo o que os seres humanos são capazes de fazer. O grande juiz da Suprema Corte dos Estados Unidos, Wendell Holmes (1841-1935)[23], afirmou existirem pessoas que simplesmente nascem inábeis e, sem querer, machucam a si mesmas e os outros – aspecto pelo qual, presumivelmente, não seriam consideradas culpadas quando estivessem diante do tribunal divino. Entretanto, nos tribunais humanos, elas serão julgadas de acordo com os mesmos padrões de responsabilidade do que todos os outros. Não temos a onisciência de saber quem são essas pessoas ou até que ponto foram capazes de adotar precauções adicionais para se protegerem de suas tendências naturais. Em outras palavras, não cabe aos tribunais humanos presumir a aplicação da justiça cósmica.

Parte considerável das desordens jurídicas do sistema de justiça criminal americano, desde a década de 1960, acompanhada por índices vertiginosos de aumento de crimes violentos, decorreu de tentativas da busca por justiça cósmica nos tribunais. Em uma série de decisões da Suprema Corte americana no início da década de 1960, foram impostas várias restrições à polícia quando da prisão e do interrogatório de suspeitos em processos criminais e na revista

---

[23] Cabe salientar que se trata de Oliver Wendell Holmes Jr., jurista, professor universitário e, em 1902, após ser indicado pelo presidente Theodore Roosevelt (1858-1919), membro da Suprema Corte norte-americana; não confundir com seu pai, homônimo, Oliver Wendell Holmes (1809-1894) – médico e aclamado poeta americano, considerado uma das personalidades históricas de Boston. (N. E.)

de suas propriedades. Entre as justificativas para tais restrições estavam a alegação – correta, sem dúvida – de que criminosos amadores e inexperientes, desconhecedores da lei, estavam mais propensos a fazer confissões que, mais tarde, provariam ser fatalmente prejudiciais à sua própria defesa legal, enquanto criminosos profissionais mais experientes e membros do crime organizado eram muito menos propensos a se deixar apanhar dessa maneira.

Claramente, trata-se de uma injustiça de alguma perspectiva cósmica – e corrigir tal desigualdade entre criminosos era explicitamente a perspectiva do procurador-geral dos Estados Unidos e do presidente do Supremo Tribunal à época[24]. No entanto, como ocorre em outras instâncias da busca pela justiça cósmica, os custos para terceiros foram amplamente desconsiderados, como se inexistissem, ou descartados juntamente a uma declaração arrogante do tipo "Esse é o preço que pagamos pela liberdade". Aparentemente, os Estados Unidos não eram um país livre até a década de 1960.

Uma *cause célèbre* mais recente do sistema de justiça criminal americano foi o julgamento por assassinato do ex-astro do futebol americano O. J. Simpson, que provocou grande consternação não apenas pelo veredito de "inocente" diante de provas contundentes em contrário, mas também pelo tempo que durou o julgamento; o qual foi concluído mais de um ano depois do assassinato propriamente dito, muito embora Simpson tenha sido preso poucos dias depois do corpo da ex-mulher ser encontrado[25]. Aqueles que assumem a difícil tarefa de defender o atual sistema de justiça criminal americano apressaram-se em alegar que a riqueza, a celebridade e a raça do réu tornaram o julgamento tão longo, além do veredito tão inesperado, tornando o caso também atípico demais para fazer parte de uma acusação geral do sistema de justiça criminal americano. No entanto passou-se um tempo muito maior em outro caso de assassinato contemporâneo no qual *nenhum* desses fatores estava presente, embora o suspeito também tenha sido preso pouco depois da ocorrência do crime.

---

[24] Vide CLARK, Ramsey. *Crime in America*: Observations on Its Nature, Causes, Prevention and Control. Nova York: Simon & Schuster, 1970. p. 319-320; *Miranda v. Ohio* 384 U.S. 436 (1966), at 472.
[25] Em 1994, na Califórnia, o referido ex-jogador de futebol americano foi acusado de duplo homicídio. A promotoria do estado buscava condená-lo pelas mortes de Nicole Brown Simpson (1959-1994) e o amigo dela, Ron Goldman (1968-1994), após acharem seus corpos na residência de Nicole. O julgamento de O. J. Simpson se tornou mundialmente famoso recebendo, em meados da década de 1990, ampla cobertura.
Em 2007 Simpson mais uma vez foi preso e, agora, condenado por assalto a mão armada e sequestro; em 2017 recebeu o direito a condicional e hoje está plenamente livre. (N. E.)

Passaram-se quase três anos entre o assassinato de Polly Klaas (1981-1993), de 12 anos, em 1993, e a condenação do assassino, Richard Allen Davis, em 1996 – embora as provas contra ele fossem tão contundentes que nem mesmo seu advogado de defesa alegou que Davis não tivesse cometido o crime. O que, então, poderia ter demorado tanto? Entre outras coisas, houve retificações dos argumentos sobre toda a sorte de tecnicidades legais – tecnicidades criadas não pela legislação, mas pelas intepretações judiciais das cortes de apelação, que tentavam remover perigos ainda mais remotos de injustiça, ao criar uma injustiça ainda maior prejudicando a capacidade de uma sociedade se defender até mesmo nos casos mais claros de culpa inquestionável.

"Mérito" e justiça cósmica

Relacionado à justiça cósmica está o sedutor, enganoso e, muitas vezes, pernicioso conceito de "mérito", que está explícito ou implícito em muito do que é dito por pessoas de diversas partes do espectro filosófico.

Um indivíduo cujos pais são ignorantes, abusivos, imorais e drogados pode demonstrar grande mérito pessoal ao se tornar nada mais do que um trabalhador honesto e sóbrio, que sustenta a família e cria os filhos para serem cidadãos honestos, corretos – enquanto outro, nascido em berço de ouro e privilegiado, educado nas melhores escolas, pode não apresentar maior mérito pessoal ao se tornar um cientista renomado, um erudito ou um empresário. De fato, a maioria de nós não se alegraria mais em ver tal trabalhador ganhar milhões de dólares na loteria do que em ver o cientista, erudito ou empresário ganhar milhões por sua proficiência na área escolhida? Pessoas religiosas, por séculos, não mantiveram a esperança de que pessoas humildes, porém honestas, um dia receberiam uma recompensa mais transcendente, em um mundo melhor após a morte? Não importa que alguns líderes tenham mantido cinicamente tais esperanças a fim de conciliar as pessoas com seu destino doloroso neste mundo, pois este cinismo só funciona porque ressoa com um sentimento genuíno nos outros.

Para alguns, é curta a distância entre desejar que um mérito pessoal seja recompensado – aqui e agora – e promover políticas destinadas a fazê-lo ou simplesmente a redistribuir riqueza em geral, sob o argumento de que aqueles que possuem atualmente grande ou a maior parte dessa riqueza não a merecem. Contos sobre príncipes e indigentes que foram trocados por engano no nascimento, ou sobre servos que vivem "no andar de baixo" os quais têm tanto (ou mais) caráter do que seus ricos patrões que moram "no andar de cima", todos ressoam com a ideia de que muitos fatores, além do mérito pessoal, determinam nosso destino econômico e social. Sem dúvida, essa crença é verdadeira em uma extensão muito considerável, certamente em uma extensão maior do que muitos de nós desejaríamos. Mas, novamente, a questão não é o que faríamos se fôssemos Deus no primeiro dia da Criação ou como julgaríamos as almas se fôssemos Deus no Dia do Juízo Final. A questão é: o que se encontra no escopo do nosso conhecimento e controle visto que somos apenas humanos, com todas as severas limitações que isso implica?

Uma das muitas diferenças entre os seres humanos e Deus no Dia do Juízo Final é que Deus não tem que se preocupar com o que vai acontecer no dia seguinte ao dia do Juízo. Nossas decisões não acontecem no final dos tempos; ao contrário, ocorrem em meio ao fluxo contínuo do tempo, portanto, o que fazemos hoje afeta como os outros responderão amanhã e daí em diante. A história está repleta de exemplos de países que dificultaram para os indivíduos adquirirem ou reterem grandes riquezas no mercado – e que, então, acharam difícil atrair ou reter o capital necessário para elevar o padrão de vida das massas.

Em contrapartida, lugares onde o dinheiro é facilmente ganho, facilmente repatriado e levemente tributado fizeram um progresso econômico sensacional, mesmo quando têm recursos naturais deploravelmente escassos – Hong Kong, como colônia britânica, e Singapura, como cidade-estado independente, são exemplos clássicos. Não está, de modo algum, claro que a maior parte daqueles que conquistaram grandes fortunas em Hong Kong ou Singapura o tenham feito unicamente, ou até primariamente, como resultado do mérito pessoal. Mas descartar ou desencorajar seu capital e seu empreendedorismo como políticas confiscatórias seria o mesmo que sacrificar o padrão de vida de milhões de outros a fim de gerar estatísticas sobre renda e distribuição de riqueza que agradassem a esse número reduzido de intelectuais que abraçam tais coisas.

Em suma, dois enormes obstáculos impedem a recompensa pelo mérito. Primeiro e mais fundamentalmente, não sabemos como fazê-lo. Embora possamos supor, a partir de alguns exemplos dramáticos, que o mérito pessoal não precisa corresponder à recompensa, não dispomos de um meio genérico de saber quanto do sucesso ou do fracasso de cada indivíduo deveu-se a ganhos inesperados, como habilidade inata, uma criação favorável, riqueza familiar ou simplesmente por estar no lugar certo, hora certa, e quanto deveu-se a méritos pessoais como trabalho duro e sacrifício. Além disso, mesmo estas últimas virtudes, muitas vezes, são, até certo ponto, uma consequência da criação. Porém, mesmo que pudéssemos, de alguma maneira, milagrosamente adquirir a onisciência para conhecer todas essas coisas e as complexas interações entre elas, ainda assim ficaríamos com o fato de que mudanças nas recompensas hoje mudariam os incentivos amanhã – não apenas para aqueles que se beneficiam de uma boa sorte sem merecê-la, mas para milhões de outros na mesma sociedade.

Desejar ver um homem pobre, mas merecedor, ganhar na loteria é absolutamente diferente de instituir políticas governamentais redistributivas. Uma loteria não cria nenhum precedente, nenhum sistema de direitos legais e nenhuma razão para milhões de pessoas mudaram seu comportamento de maneiras que possam ser prejudiciais à sociedade como um todo. Tampouco uma loteria requer grandes quantidades de conhecimento sobre indivíduos, uma vez que todos sabem se tratar somente de uma questão de sorte. De maneira análoga, a caridade privada não é precedente nem é uma base da qual milhões de pessoas podem depender para a obtenção de apoio para um estilo de vida modificado de evitar o trabalho e viver à custa dos outros.

Justificativas para as diferenças de renda e riqueza baseadas no mérito também são fundamentalmente diferentes de justificativas baseadas na produtividade, embora as duas sejam frequentemente confundidas. Alguém com um talento inato para matemática ou música pode ser tão produtivo quanto alguém que tenha nascido com menos talentos nessas áreas e que tenha tido que trabalhar arduamente para alcançar o mesmo nível de proficiência. No entanto recompensamos a produtividade, e não o mérito, pela razão perfeitamente válida de que sabemos como fazê-lo. Além do mais, uma vez que as recompensas representam não só julgamentos meramente retrospectivos mas também incentivos prospectivos, uma sociedade pode se tornar mais produtiva recompensando a produtividade, seja encorajando alguns a trabalharem duro para alcançar tal produtividade, seja encorajando outros a se manifestarem para revelarem e aplicarem sua produtividade existente.

Os efeitos que incentivam recompensar a produtividade operam também de outras maneiras. Embora os profissionais existentes em uma determinada área possam ser adequadamente (ou até excessivamente) recompensados por seu nível de desempenho, pode-se, no entanto, defender a concessão de aumentos salariais em uma área específica como maneira de atrair pessoas mais qualificadas, capazes de oferecer um nível de desempenho mais alto do que o padrão vigente nesse campo. Esse argumento pode ser aplicado a professores, mas se aplica ainda mais a políticos e juízes. Entretanto as pessoas que estão preocupadas com o mérito são altamente suscetíveis a demagogos que denunciam a ideia de pagar aos políticos mais do que eles certamente merecem devido ao seu pífio desempenho. Superar essa demagogia requer ir além da ideia de considerar o pagamento apenas do ponto de vista da recompensa retrospectiva por mérito e vê-lo do ponto de vista de incentivos prospectivos para melhores desempenhos de novas pessoas.

Pagar por produtividade, em vez de mérito, incentiva melhores desempenhos, contudo em outro sentido. Em uma economia em constante desenvolvimento, novas e melhores maneiras de realizar várias tarefas significam que a obsolescência está continuamente forçando a saída de produtos e métodos de produção mais antigos da economia. Em outras palavras, pessoas da mesma forma meritórias podem receber recompensas muito diferentes, simplesmente porque um grupo acontece de estar em uma indústria em declínio ou usando tecnologia obsoleta, enquanto outro acontece de estar em uma indústria em ascensão ou usando tecnologia avançada. Estes não são jogos de soma zero, no entanto. A sociedade como um todo tem mais prosperidade quando é mais produtiva. Dito de outra forma, a injustiça de tais recompensas imerecidas só pode ser corrigida ao custo de se criar uma injustiça para milhões de outros, que podem se tornar desnecessariamente mais pobres ou deixar de alcançar o nível de prosperidade que a tecnologia e os recursos existentes permitiriam.

Uma injustiça ainda mais grave pode ocorrer se funcionários do governo receberem ainda mais poderes a fim de que criem "justiça social", pois, uma vez que os poderes tenham sido concedidos, eles podem ser usados para criar despotismo – como aconteceu, por exemplo, nas revoluções francesa, bolchevique, entre outras.

Aqueles que discutem se os pobres são "merecedores" ou "não merecedores", com frequência debatem porque não têm claro para si próprios se as suas respectivas estruturas conceituais são as da justiça cósmica ou da justiça tradicional. Até sobre o membro mais degenerado da classe baixa pode-se afirmar que, *em algum sentido cósmico*, ele é o que é por causa das circunstâncias – pelo menos no sentido de que ele poderia ter sido criado de outras maneiras que poderiam ter aumentado a probabilidade de ele se tornar um ser humano decente.

Mesmo que seus irmãos e irmãs, criados sob o mesmo teto, tenham se saído bem na vida, quem poder ter certeza de que alguma outra combinação de circunstâncias – seja um tratamento mais gentil ou uma disciplina mais rígida – não os teriam colocado no caminho certo antes? Entretanto, do ponto de vista da justiça tradicional, a questão é totalmente diferente: não sabendo especificamente como determinados indivíduos poderiam ter sido impedidos de se tornarem um perigo para os outros, especialmente quando seus irmãos foram criados sob o mesmo teto e com a mesma noção de dignidade, seria melhor fingir que sabemos como aprimorar a criação dos filhos a esse nível ou, em vez disso, alertar os indivíduos de que certas violações dos direitos de terceiros submeterão os violadores a uma série de punições?

Dizendo de forma mais clara, se estivéssemos criando o nosso próprio cosmos, certamente não desejaríamos ter nele indivíduos tão imunes a influências decentes que pudessem se tornar ameaças à sociedade e uma desgraça para a família. Entretanto, dado que temos que lidar com um universo que não foi feito sob medida para os nossos desejos, a questão passa a ser: até que ponto a desgraça propriamente dita poderia ser um instrumento útil de controle social, oferecendo um incentivo para que as famílias criem seus filhos da melhor maneira que lhes seja possível e demonstrem com aqueles que se desviaram, na esperança de que alguma consciência residual possa impedi-los de manchar o nome daqueles que estão mais próximos deles?

A desgraça familiar demonstrou ser um poderoso instrumento de controle social no Japão, por exemplo, embora ninguém possa duvidar que as injustiças individuais resultem do sofrimento de membros inocentes da família por causa da vergonha gerada pelas transgressões de parentes culpados. O ponto aqui não é ser a favor ou contra tais práticas de um modo geral. O objetivo mais limitado é ilustrar quão radicalmente diferente devemos proceder se nossa estrutura for de justiça cósmica ao invés de justiça tradicional.

O conceito de mérito acrescenta insulto ao infortúnio e arrogância à realização. Em uma época na qual até os membros de baixa renda das sociedades ocidentais raramente passam fome ou privação física, não obstante, o conceito de mérito lhes dá motivos para temer e ressentir-se do desdém de terceiros – seja esse desdém real ou imaginário. Nos casos em que os amplamente variados destinos de indivíduos e grupos são considerados como consequência de inúmeras mudanças contracorrentes, as diferenças resultantes de amenidades sociais não deveriam provocar a mesma amargura que provocou em épocas e lugares onde a fome, o frio e as doenças eram consequências de pertencer a um grupo menos afortunado. Ainda assim, o conceito de mérito e a busca por justiça cósmica podem gerar ressentimentos em relação a diferenças que, em si, têm muito menos consequências. Uma coisa é ser amargo por não conseguir alimentar os filhos; outra, bastante diferente, é ficar ressentido por não conseguir comprar o jeans de grife ou relógios caros, que não marcam melhor a hora do que relógios baratos.

Os custos da justiça

  Com a justiça, como com a igualdade, a questão não é se mais é melhor, mas se é melhor a qualquer preço. Precisamos considerar o que aqueles que acreditam na visão de justiça cósmica raramente querem considerar – a natureza desses custos e como eles modificam a natureza da justiça propriamente dita.
  Existem tantas concepções de justiça que precisamos começar com alguns exemplos de coisas que a maioria de nós pode concordar prontamente serem injustas. A primogenitura – a prática de legar ao filho mais velho toda herança e patrimônio – é algo que, nos dias de hoje, consideraríamos injusto para com os demais filhos. A escolha arbitrária do governante de uma nação por um princípio semelhante também seria amplamente contestada por motivos morais, entre outras objeções à monarquia.
  O propósito da primogenitura, evidentemente, era manter uma propriedade intacta de geração em geração. O objetivo não era simplesmente tornar uma dada soma de riqueza nas mãos de um indivíduo maior do que seria se a terra fosse compartilhada. O objetivo era tornar a riqueza total disponível *para a família como um todo* maior do que teria sido sob herança igual, caso em que ela teria sido dividida em partes cada vez menores com as gerações sucessivas, criando ineficiências econômicas que reduziriam o valor total da propriedade fragmentada. A primogenitura dependia de laços familiares e de um senso de dever para orientar o filho mais velho a cuidar dos irmãos mais novos.
  Normalmente, a terra valia mais quando podia ser cultivada como um pedaço único do que como a soma total de pedaços menores separados após serem subdivididos. Na produção, existe o que os economistas chamam de "economias de escala", as quais podem ser perdidas à medida que a terra é fragmentada ao longo do tempo ao ser repetidamente dividida, em partes iguais, entre os herdeiros. Em vários países, a pobreza tem sido atribuída ao

fato de haver neles pequenas propriedades[26], com um determinado agricultor, muitas vezes, tendo vários desses pequenos lotes de terra – herdados de diferentes ramos familiares – localizados a alguma distância um do outro, exigindo que sua jornada de trabalho seja igualmente fragmentada, bem como o tempo perdido no deslocamento de um lugar para outro. Em suma, a justiça cósmica para os herdeiros pode significar pobreza desnecessária para a sociedade como um todo.

Isso por si só não justifica necessariamente a primogenitura. Simplesmente diz que os custos para se alcançar a justiça são importantes. Outra maneira de dizer a mesma coisa é que *"justiça a qualquer custo" não é justiça*[27]. O que, afinal, é uma injustiça senão a imposição arbitrária de um custo – seja ele de ordem econômica, psíquica ou outra – a uma pessoa inocente? E se a correção dessa injustiça impõe outro custo arbitrário a outra pessoa inocente, não seria isso também uma injustiça? No mundo de hoje, onde a maior parte da riqueza não está mais na terra, mas em ativos financeiros que podem ser divididos entre os herdeiros sem custos tão elevados, existe uma situação muito diferente, mas isso não quer dizer que a primogenitura, quando e onde existiu, em um mundo diferente, não tivesse qualquer fundamento racional ou moral.

Mesmo aqueles que proclamam os princípios da justiça e os consideram mais importantes do que outros benefícios, como faz o professor John Rawls, parecem pouco suscetíveis a agirem, na vida real, de acordo com esses princípios, dados os custos envolvidos. Imagine que um navio esteja afundando no oceano com trezentos passageiros a bordo e apenas duzentas boias salva-vidas. A única solução justa é que todos se afoguem. Mas a maioria de nós provavelmente preferiria a solução *injusta*, ou seja, que duzentas vidas fossem salvas, mesmo que as que se salvassem não fossem mais merecedoras do que aquelas que perecessem. Provavelmente prefeririamos essa alternativa, mesmo que suspeitássemos que o mais egoísta e implacável dos que estavam a bordo provavelmente acabaria com o salva-vidas.

Mesmo em circunstâncias menos drásticas, um princípio semelhante se aplica. Imagine que o professor Rawls tenha organizado uma turnê de palestras importante e lucrativa pela Europa apenas para descobrir, na véspera de sua partida da América, que (1) uma cobrança injusta de uma dívida fiscal

---

[26] Vide, por exemplo, MCNEILL, William H. *History of Western Civilization:* A Handbook. Chicago: University of Chicago Press, 1986. p. 45.
[27] Itálico do autor. (N. E.)

de cem dólares foi feita contra ele, que (2) ele possui documentos que podem provar conclusivamente que não deve tal imposto, e que (3) os prazos dentro dos quais ele está legalmente autorizado a contestar a avaliação são tais que ele teria que cancelar sua turnê de palestras na Europa para alcançar o resultado justo a que tem direito. Alguém imagina que o professor Rawls cancelaria a turnê de palestras, em vez de pagar o imposto injusto? Mais precisamente, se ele cancelasse a turnê para contestar a cobrança da dívida, nós o consideraríamos um homem racional, de princípios ou um doutrinário, um exibicionista moral ou um egocêntrico?

Tanto Adam Smith quanto John Rawls afirmaram que a justiça é a primeira virtude de uma sociedade; entretanto fizeram-no em sentidos tão diferentes que acabaram significando conceitos praticamente opostos. Para Smith, era essencial para a própria existência e sobrevivência de qualquer sociedade que houvesse alguma ordem previsível, com algum grau de princípio moral, para que as pessoas pudessem seguir suas vidas com suas mentes em paz, e não destruir uns aos outros e toda a ordem social com uma luta incessante sobre a distribuição de benefícios financeiros ou de outra ordem. Para Rawls, em qualquer sociedade que tenha avançado além de um certo mínimo de requisitos físicos, mais justiça era categoricamente mais importante do que qualquer outro benefício – mais importante do que progresso material complementar, realização artística ou segurança pessoal ou nacional. Em suma, para Smith, uma certa medida de justiça era um pré-requisito para a sobrevivência social, mas, para além desse ponto, a justiça era simplesmente um entre muitos benefícios sociais e individuais a serem pesados uns em relação aos outros. Por outro lado, a justiça de Rawls continuou sendo o benefício preponderante em qualquer sociedade que pudesse ser considerada civilizada.

Precisamente porque não estamos acostumados a decidir categoricamente se é melhor ou pior ter justiça, é enganosamente fácil sermos levados a adotar a posição rawlsiana, segundo a qual, quanto mais justiça, melhor. De fato, o que torna a concepção de justiça de Rawls significativa fora do círculo dos filósofos profissionais é o fato de ele ter articulado sistematicamente uma concepção e uma visão que já formavam o alicerce subjacente de muitas teorias jurídicas e políticas sociais.

Embora a grande arena para a discussão da justiça cósmica tenha sido na política social, o conceito tem sido aplicado até mesmo nas relações internacionais, em questões que envolvem sérias decisões sobre guerra e paz. Durante a década de 1930, quando a sombra de uma guerra iminente pairava sobre a Europa, e questões de peso sobre preparação militar e alianças militares tinham que ser decididas, havia ainda pessoas nas democracias ocidentais que consideravam o Tratado de Versalhes, que colocou um fim na Primeira Guerra Mundial, injusto com a Alemanha – o que, então, se tornou para elas uma razão para serem tolerantes com as políticas e ações de Adolf Hitler (1889-1945), enquanto o regime nazista iniciava uma escalada militar maciça em preparação para guerras de agressão.

Olhar para trás, para eventos sobre os quais ninguém agora tinha qualquer controle, desviou atenção da necessidade urgente de construir um poderio militar compensatório para impedir uma futura guerra que iria ofuscar em seus horrores até mesmo a terrível carnificina da Primeira Guerra Mundial. Nunca a preocupação com a justiça cósmica levou a um preço mais alto. No entanto o poder do conceito foi demonstrado pelo fato de que, diante dos mais graves perigos, levou muitos a olhar para o passado em vez de olhar para um futuro que ameaçava devastar um continente, o massacre de dezenas de milhões de seres humanos e a tentativa de extermínio de raças inteiras.

Também no que diz respeito à justiça social, alguns daqueles que se consideram os mais vanguardistas são, na verdade, menos propensos a olhar para trás, para uma história que ninguém tem capacidade de mudar. Escrevendo sobre a Checoslováquia, por exemplo, um historiador disse que as políticas desse Estado recém-criado após a Primeira Guerra Mundial deveriam "corrigir a injustiça social" e "remediar os erros históricos do século XVII"[28]. Teoricamente, ninguém do século XVII ainda estava vivo no final da Primeira Guerra Mundial. Um dos muitos contrastes entre a justiça tradicional e a justiça cósmica é que aquela envolve as regras que regem as interações entre seres humanos de carne e osso, enquanto essa abrange não apenas indivíduos e grupos contemporâneos mas também abstrações de grupos que se estendem por gerações, ou mesmo séculos.

Encontramos uma abordagem semelhante nos Estados Unidos hoje, onde foram levantadas questões de "reparações" para determinados grupos – reparações aos negros pela escravidão ou à população indígena americana pela expatriação de seus antepassados e pelos danos colaterais que a acompanharam. Aqui, mais uma vez, a questão contempla o que podemos chamar

---

[28] WISKEMANN, Elizabeth. *Czechs and Germans:* A Study of the Struggle in the Historic Provinces of Bohemia and Moravia. Londres: Oxford University Press, 1938. p. 148.

de abstrações de grupos intertemporais, em lugar de meros contemporâneos de carne e osso. Raramente se faz a alegação de que os americanos negros atualmente vivos estão em situação pior do que se seus ancestrais tivessem continuado na África. Qualquer tentativa de usar estatísticas sobre renda, expectativa de vida ou inúmeras outras variáveis para sustentar tal argumento cairia por terra, como um castelo de cartas. Em última análise, é claro, o que importa não são esses dados objetivos, mas como se sentem e reagem os indivíduos envolvidos. Aqui ninguém pode dizer – ou melhor, aqueles que optam por fazer denúncias barulhentas não podem ser conclusivamente contraditas por evidências objetivas, uma vez que as evidências objetivas são irrelevantes para a forma como eles se sentem. No entanto pode ser interessante notar que o número de negros americanos contemporâneos que imigraram para a África não chega nem aos pés do número de africanos contemporâneos que imigraram para os Estados Unidos.

No entanto permanece dolorosamente claro que aquelas pessoas que foram arrancadas de seus lares na África, séculos atrás, e levadas à força, acorrentadas, até o outro lado do Atlântico, sofreram não apenas terrível mas também injustamente. Se eles e seus captores ainda estivessem vivos, as reparações e punições aplicáveis seriam inimagináveis. O tempo e a morte, entretanto, roubam-nos essas oportunidades de fazer justiça, por mais revoltante que isso possa ser. Podemos, é claro, criar novas injustiças entre nossos contemporâneos de carne e osso em nome de uma expiação simbólica, de maneira que o filho ou filha de um médico ou executivo negro possa ingressar em uma faculdade de elite antes do filho ou filha de um operário ou agricultor branco, mas apenas quem acredita na visão da justiça cósmica encontraria consolo moral nisso. Resta-nos apenas fazer nossas escolhas entre alternativas realmente disponíveis, e reparar o passado não é uma delas.

A situação dos povos indígenas do Hemisfério Ocidental é ainda mais problemática. A questão de saber se os povos de ascendência indígena estariam hoje em melhor situação caso os europeus não tivessem invadido as Américas dificilmente poderia ser feita, muito menos respondida, pois a maioria dos índios norte-americanos contemporâneos, de carne e osso, não existiria se os europeus não tivessem colonizado a América, uma vez que são de ascendência tanto europeia quanto indígena. A natureza é surpreendentemente não cooperativa com nossas categorias morais. Não se pode voltar no tempo.

Mais uma vez, os sofrimentos dos povos nativos do Hemisfério Ocidental durante a época da invasão europeia foram monumentais, não apenas em função das guerras e depredações provocadas pelos conquistadores, mas também por causa das doenças levadas pelos europeus, que dizimaram os povos das Américas do Norte e do Sul, com taxas de mortalidade de 50% sendo comuns em algumas sociedades indígenas as taxas chegarem a muito mais. Mas o tempo, ao contrário do videoteipe, não anda para trás.

Pode-se argumentar que os povos indígenas do Hemisfério Ocidental que *existiriam* hoje, caso os europeus não tivessem aqui aportado, estariam em melhor situação do que os descendentes da população nativa (com e sem misturas das raças invasoras) que realmente existem. Não é, de modo algum, óbvio que isso seja verdade, mas, em qualquer caso, trata-se claramente de uma questão que envolve abstrações intertemporais, e não seres humanos de carne e osso.

Todavia, quem acredita na busca pela justiça cósmica não desiste facilmente. Na política, no direito e nos círculos intelectuais, as disparidades estatísticas entre as realizações, desempenhos ou recompensas de um grupo e as da população em geral costumam ser consideradas provas das consequências atuais das injustiças passadas ou evidências de que as injustiças do passado persistem no presente sob a forma de discriminação contra os grupos em questão[29]. Às vezes, as disparidades entre americanos negros e brancos são atribuídas a injustiças raciais históricas nos Estados Unidos, decorrentes de peculiaridades da história americana. No entanto disparidades semelhantes – e ainda maiores –, seja de renda ou de QI, podem ser encontradas entre grupos de outros países com histórias totalmente diferentes, sem os mesmos fatores que supostamente estão subjacentes às diferenças entre negros e brancos nos Estados Unidos.

Vimos como é fácil errar por amplas margens quando se lida com a história. É igualmente fácil errar quando se trata de estatísticas contemporâneas. Se examinarmos números suficientes, acabaremos nos deparando com estatísticas que parecem se encaixar na nossa visão. Essas são o que se poderia chamar de estatísticas "*Aha!*" Outras estatísticas sugerem conclusões opostas e não provocam nenhum "*Aha!*", e por isso têm maior probabilidade de serem deixadas de lado e esquecidas.

Um conjunto de estatísticas que desencadeou tempestades jornalísticas e políticas em 1993 mostrou que os candidatos negros a empréstimos

---

[29] Vide, por exemplo, DAYS III, Drew S. Concealing Our Meaning from Ourselves: The Forgotten History of Discrimination. *Washington University Law University*, v. 1979, p. 81-91; WILSON, Margaret Bush. Reflections on Discrimination in the Private Sector. *Ibid.*, p. 783-786.

hipotecários foram recusados a uma taxa mais alta do que os candidatos brancos. O *The Washington Post* declarou que "existe um sistema de crédito imobiliário racialmente tendencioso"[30], e inúmeras outras publicações, políticos e ativistas se juntaram ao coro da denúncia. No entanto o mesmo conjunto de estatísticas revelou que o percentual dos candidatos brancos recusados era maior do que a dos americanos asiáticos. Essas estatísticas, porém, não provocaram nenhum "*Aha!*" – nenhuma alegação de que os brancos estavam sendo discriminados em favor dos americanos asiáticos –, porque isso não fazia parte da visão predominante. Em suma, os números são aceitos como evidência quando coadunam com preconceitos, mas não quando discordam.

Comparações estatísticas implicitamente pressupõem que os grupos que estão sendo comparados são de fato comparáveis no que diz respeito a variáveis relevantes. Muitas vezes, no entanto, elas não chegam nem perto de serem comparáveis. Um exame mais minucioso dos dados sobre empréstimos hipotecários, por exemplo, revela que os candidatos a empréstimos imobiliários que faziam parte de minorias tinham dívidas maiores, históricos de crédito piores, buscavam empréstimos que abrangiam um percentual maior do valor dos imóveis em questão e também eram mais propensos a buscar financiamento para residências multifamiliares, não unifamiliares, sendo aquelas consideradas um investimento mais arriscado[31]. Ainda assim, 72% dos pedidos de empréstimos hipotecários para indivíduos de minorias foram aprovados, em comparação com 89% dos pedidos de empréstimo hipotecário a brancos. Essa diferença de 17 pontos percentuais encolheu para 6 pontos percentuais quando as variáveis relevantes foram mantidas constantes. E mais, todas as diferenças estatísticas restantes puderam ser atribuídas a diferentes taxas de aprovação de empréstimos em um único banco. Por que o governo não tomou medidas legais contra esse banco racista e branco? Porque simplesmente ele não era nem branco nem racista. Era um banco de propriedade de negros[32].

Aliás, tudo isso ocorreu enquanto uma onda de falências varria as instituições americanas de crédito. A ideia de que essas instituições estavam desperdiçando lucros desesperadamente necessários de seus clientes

---

[30] BRENNER, Joel Glenn. A Pattern of Bias in Mortgage Loans. *Washington Post,* June 1993, p. A1.
[31] MUNNELL, Alicia H. Mortgage Lending in Boston: Interpreting HMDA Data. *Working Paper,* n. 92-7, Oct. 1992, Federal Reserve Bank of Boston, p. 2, 24, 25.
[32] ZELNICK, Bob. *Backfire:* A Reporter's Look at Affirmative Action. Washington, D.C.: Refinery Publishing, Inc., 1996. p. 330.

pagantes quando a sobrevivência institucional estava em jogo pode parecer pelo menos questionável para qualquer pessoa que tenha um conhecimento rudimentar da economia. No entanto um conhecimento rudimentar da economia não é requisito para uma carreira na política, no jornalismo ou no judiciário. Certamente não é um pré-requisito para as vívidas expressões de indignação moral[33].

Seria possível examinar várias outras comparações estatísticas e mostrar por que elas não são válidas[34]. Mas o problema mais fundamental está no pressuposto de que os grupos sociais estariam proporcionalmente representados em diversas atividades ou instituições, ou em vários níveis de renda, na ausência de parcialidade e discriminação. Pelo contrário, é difícil encontrar tal representação em qualquer país ou em qualquer período da história, exceto quando uma política governamental estabelece cotas ou preferências para alcançar um "equilíbrio" estatístico artificial.

Os que creem na justiça cósmica às vezes argumentam que isso simplesmente mostra como a discriminação é generalizada. Mas muitos grupos que não estão em posição de discriminar ninguém estão excessivamente representados em profissões bem remuneradas, instituições acadêmicas de prestígio e vários outros setores desejáveis da economia e da sociedade. Seria possível elaborar uma longa lista de disparidades estatísticas envolvendo povos ou coisas em relação às quais seria impossível apontar um só argumento plausível de discriminação. Aqui estão apenas alguns exemplos:

1. Mais de quatro quintos das lojas de donuts na Califórnia pertencem a indivíduos de ascendência cambojana[35].
2. No início do século XX, quatro quintos dos equipamentos de processamento de açúcar do mundo eram fabricados na Escócia[36].
3. A partir de 1909, os italianos de Buenos Aires eram donos de duas vezes mais estabelecimentos de comida e bebida do que os argentinos

---

[33] *The Chronicle of Higher Education,* Sep. 2, 1996, p. 22.
[34] Vide, por exemplo, Thomas Sowell. *The Vision of the Anointed. Self-Congratulation as a Basis* for Social Policy. Nova York: Basic Books, 1995, Capítulo 3. Em abril de 2021 a LVM Editora lançou o referido livro: *The Vision of the Anointed,* sob o título de *Os ungidos,* no Clube Ludovico. (N. E.)
[35] KAUFMAN, Jonathan. How Cambodians Came to Control California Doughnuts. *Wall Street Journal,* Feb. 22, 1995. P. A1.
[36] CHECKLAND, Olive; CHECKLAND, Sydney. *Industry and Ethos:* Scotland 1832-1914. Edinburgh: Edinburgh University Press, 1980. p. 173.

nativos, mais de três vezes mais lojas de calçados, e mais de dez vezes mais barbearias[37].

4. Durante a década de 1960, a minoria chinesa na Malásia fornecia entre 80% e 90% de todos os estudantes universitários de medicina, em ciência e engenharia[38].

5. No início do século XX, no Estado do Rio Grande do Sul, Brasil, indivíduos de ascendência alemã eram proprietários de todas as empresas que fabricavam os seguintes produtos: baús, fogões, papel, chapéus, gravatas, couro, sabão, vidro, relógios, cerveja, doces e carruagens[39].

6. Na Rússia do século XVIII, os armênios eram proprietários de 209 das 240 fábricas de tecidos na província de Astrakhan[40].

7. Dos 16.000 operários que construíram a East Africa Railway, do porto de Mombaça até o Lago Victoria, 15.000 vieram da Índia[41].

8. A partir de 1937, 91% dos indivíduos de ascendência japonesa detinham todas as licenças para vender hortaliças em Vancouver, Canadá[42].

9. Embora representem menos de 5% da população da Indonésia, os chineses étnicos chegaram a ter, em dado momento, três quartos dos 200 maiores negócios no país[43].

10. No início da década de 1920, os judeus representavam apenas 6% e 11% das populações da Hungria e da Polônia, respectivamente, mas eram mais da metade de todos os médicos em ambos os países[44].

Essa lista poderia ser estendida muitas vezes[45].

---

[37] FOERSTER, Robert F. Foerster. *The Italian Emigration of Our* Times. Nova York: Arno Press, 1969. p. 262.
[38] ABDULLAH, Firdaus Hj. Affirmative Action Policy in Malaysia: To Restructure Society, to Eradicate Poverty. *Ethnic Studies Report*, Sri Lanka, v. XV, n. 2, July 1997, p. 210.
[39] ROCHE, Jean. *La Colonisation Allemande et le Rio Grande do Sul*. Paris: Institut des Hautes Etudes de L'Amérique Latine, 1959. p. 388-389.
[40] BARTLETT, Roger P. *Human Capital. The Settlement of Foreigners in Russia* 1762-1804. Cambridge: Cambridge University Press, 1979. p. 151.
[41] GANN, L. H.; DUIGNAN, Peter. *The Rulers of British Africa*. Stanford: Stanford University Press, 1978. p. 281.
[42] ROY, Patricia E. Protecting Their Pockets and Preserving Their Race: White Merchants and Oriental Competition, Cities in the West. *Papers of the Western Canadian Urban History Conference-University of Winnipeg October 1974*. In: MCCORMICK, A. R.; MACPHERSON, Ian (orgs.). Ottawa: National Museums of Canada, ig75, p. 115.
[43] TANZER, Andrew. The Bamboo Network. *Forbes*, July 18, 1994, p. 138-145.
[44] MENDELSOHN, Ezra. *The Jews of East Central Europe Between the World Wars*. Bloomington: Indiana University Press, 1983. p. 23, 27, 99, 101.
[45] Uma lista mais longa e totalmente diferente de grandes disparidades encontra-se em outro livro de minha autoria, *The Vision of the Anointed*. Nova York: Basic Books, 1993. p. 34-35. Outros exemplos estão documentados em outras obras de minha autoria, *Conquests and Cultures*. Nova York: Basic Books, 1998. p. 43, 124,

Por que grupos diferentes são representados de modo tão desproporcional em tantas épocas e lugares? Talvez a resposta mais simples seja que não havia razão para esperar que fossem estatisticamente semelhantes – para começar. Variáveis geográficas, históricas, demográficas, culturais e outras tornam infundada a visão de uma distribuição uniforme ou aleatória de grupos.

As disparidades estatísticas, é claro, não se limitam a grupos raciais ou às diferenças entre homens e mulheres. E mais, os que acreditam na busca pela justiça cósmica, muitas vezes, confundem o destino das abstrações estatísticas com o destino dos seres humanos de carne e osso. Muito tem sido escrito, por exemplo, sobre uma pequena parcela da população que recebe grandes percentuais da renda da nação ou detém um grande percentual de sua riqueza. A suposição implícita é de que estamos falando de classes de pessoas quando, pelo menos nos Estados Unidos, normalmente estamos nos referindo a indivíduos em diferentes estágios da vida.

A grande maioria da riqueza dos americanos está concentrada nas mãos de indivíduos com mais de cinquenta anos. A riqueza média das famílias mais velhas nos Estados Unidos é o dobro da riqueza média das famílias mais jovens. Mas, aqui, não se trata de diferenças de classes sociais. Todos os que são velhos já foram jovens, e todos os jovens vão envelhecer, exceto aqueles que morrem prematuramente. No entanto a *visão* das *classes sociais* permanece imune a esses fatos simples, e as abstrações estatísticas são automaticamente vistas como classes de pessoas.

Estudos que acompanharam indivíduos americanos ao longo de vários anos descobriram que a maioria não permanece no mesmo quintil de distribuição de renda por mais de uma década. O primeiro desses estudos foi conduzido por um grupo de acadêmicos com inclinações esquerdistas, grupo esse que parece ter sido surpreendidos pelas próprias descobertas, pautadas em acompanhar os mesmos indivíduos durante oito anos[46]. Nada disso, po-

---

125, 168, 221-222; *Migrations and Cultures*. Nova York: Basic Books, 1996. p. 4, 17, 30, 31, 118, 121, 122-123, 126, 130, 135, 152, 154, 157, X58, 162, 164, 167, 176, 177, 179, 182, 193, 196, 201, 211, 212, 213,215, 224 226, 251, 258, 260, 265, 275, 277, 278, 289, 290, 300, 305, 306, 310, 313, 314, 318, 320, 323-324, 327 342, 345, 353-354, 354-355, 356, 358, 363, 366, 372-373. A ampliação da busca de modo a incluir disparidades estatísticas entre grupos aos escritos de terceiros evidentemente aumentaria exponencialmente o número de exemplos, mesmo excluindo-se os casos em que a discriminação poderia ser uma causa plausível das disparidades.

[46] DUNCAN, Greg et al. *Years of Poverty, Years of Plenty:* The Changing Economic Fortunes of American Workers and Families. Ann Arbor: University of Michigan Press, iq84. Vide também *Income Mobility and Economic Opportunity*, relatório apresentado ao deputado Richard K. Armey, Ranking Republican, Joint Economic Committee, June 1992, p. 5.

rém, deveria ser surpreendente. As pessoas estão oito anos mais velhas ao final de oito anos vividos. Elas têm oito anos a mais de experiência, oito anos a mais de vivência pura e simples. Se montaram um negócio, tiveram oito anos para se tornarem mais conhecidos e atrair mais clientes. Nas profissões, eles tiveram anos para construir seu próprio público. Por que não estariam em faixas de renda mais altas ao final de oito anos?

"Os pobres", que, com frequência, estão entre os 20% do nível mais baixo com relação a distribuição de renda, ocupam uma posição tão transitória nesse papel quanto os ricos. Apenas 3% da população americana permaneceu entre esses 20% mais baixos durante oito anos. Em comparação, um número maior daqueles que iniciaram nesses 20% mais baixos tinha alcançado os 20% mais altos ao final desse período do que aqueles que permaneceram onde estavam. No entanto "os pobres" continuam sendo identificados como os 20% que ocupam o nível mais baixo, em vez dos 3% que realmente permanecem nesse nível. Nosso discurso intelectual e nossa política pública baseiam-se na abstração estatística de 20%, e não nos 3% de carne e osso que são genuinamente pobres.

Isso me recorda uma história sobre um indivíduo a quem foi dito que, em Nova York, uma pessoa é atropelada por um carro a cada 20 minutos. "A pessoa deve estar terrivelmente cansada disso", foi sua reação. Porém alguns dos nossos intelectuais mais renomados, para não falar em líderes morais e políticos, cometem o mesmo erro de pensar que, quando falamos sobre abstrações estatísticas fazemos da mesma forma como quando falamos de pessoas de carne e osso – as que realmente são ricas e pobres –; de fato acreditamos estar nos referindo às mesmas pessoas. Os genuinamente ricos e os genuinamente pobres, juntos, não somam sequer 10% da população americana[47]. No entanto esses dois grupos marginais são os personagens centrais dos melodramas morais que dominam a política, o jornalismo e até mesmo o discurso acadêmico e judicial americanos.

---

[47] Americanos com patrimônio líquido de um milhão de dólares ou mais correspondem a apenas 3,5% da população. Vide STANLEY, Thomas J.; DANKO, William D. *The Millionaire Next Door:* The Surprising Secrets of America's Wealthy. Atlanta: Longstreet Press, 1996. p. 16. Além disso, mesmo esse número pode estar inflado, pois o patrimônio líquido inclui muitos ativos, como objetos de uso doméstico, que definitivamente não gerariam o mesmo valor pelo qual foram adquiridos se fossem vendidos e transformados em dinheiro vivo.

CONSEQUÊNCIAS DA BUSCA PELA JUSTIÇA CÓSMICA

Indiferente às deficiências intelectuais da visão da justiça cósmica, ela se tornou politicamente arraigada em diversos países ao redor do mundo. Suas consequências são, portanto, importantes exclusivamente por essa razão. Quais são essas consequências?

Aqueles que buscam pela justiça cósmica tendem a pressupor que as consequências seriam o que pretendiam – ou seja, que as pessoas sujeitas a políticas governamentais se tornariam como peças em um tabuleiro de xadrez, que poderiam ser movidas de um lado para o outro a fim de realizar um grande projeto, sem se preocuparem com suas reações. Porém, tanto os beneficiários previstos quanto aqueles sobre os quais os custos desses benefícios recairiam, muitas vezes, reagiram de maneiras inesperadas por aqueles que buscavam a tal "justiça".

As pessoas que receberam direito legal a diversos benefícios compensatórios, por exemplo, desenvolveram um senso de legitimidade. Como perguntou um líder de grupo na Índia: "Não temos direito a empregos só porque não somos tão qualificados?"[48]. Da mesma forma, um nigeriano falou sobre a "tirania das habilidades"[49]. Um estudo revelou que estudantes universitários negros americanos que planejavam cursar pós-graduação não tinham nenhum senso de urgência sobre a necessidade de se prepararem academicamente "porque acreditam que certas regras simplesmente não se aplicariam a eles"[50].

Uma falta de urgência semelhante foi encontrada por um estudo realizado com estudantes malaios na Malásia, onde eles legalmente têm direito a acesso preferencial a cargos cobiçados no governo e na economia privada[51]. Nas Ilhas Virgens Americanas, até crianças em idade escolar têm usado como desculpa para a falta de padrões acadêmicos e de comportamento o fato de que os empregos do governo estarão à sua espera quando crescerem – empregos aos quais seus colegas das Índias Ocidentais não terão direito, embora

---

[48] WEINER, Myron. *Sons of the Soil*: Migration and Ethnic Conflict in India. Princeton: Princeton University Press, 1978. p. 250.
[49] AYOADE, John A. A. Ethnic Management of the 1979 Nigerian Constitution. *Canadian Review of Studies in Nationalism,* Spring 1987, p. 127.
[50] THOMPSON, Daniel C. *Private Black Colleges at the Crossroads.* Westport, Conn.: Greenwood Press, 1973. p. 88.
[51] HOROWITZ, Donald L. *Ethnic Groups in Conflict.* Berkeley: University of California Press, 1985. p. 670.

tenham melhor desempenho acadêmico e se comportem melhor na escola, pois os nascidos nas Índias Ocidentais não são cidadão americanos[52].

Houve uma consequência particularmente trágica na busca por justiça cósmica para jovens negros americanos. Assim como alguns pais cometem o erro de conversar perto das crianças pequenas como se elas não pudessem ouvi-los e nem os entender, da mesma forma aqueles que promovem a visão de que as injustiças cósmicas são a causa de todos os problemas dos negros americanos ainda não conseguiram entender as consequências dessa visão para os jovens negros que ainda não têm a experiência pessoal ou maturidade para ponderar essas palavras em relação à realidade. O resultado prático em muitas escolas de gueto foi o desenvolvimento de uma atitude de hostilidade em relação ao aprendizado ou ao cumprimento dos padrões de comportamento comuns na sociedade. Pior, esses jovens estudantes negros que desejam se instruir, falar o idioma corretamente e se comportar de modo a conviver bem com os outros, são acusados de "agir como brancos" – traindo a própria raça – e estão sujeitos a pressões sociais, ou seja, franca intimidação e violência.

Seria difícil imaginar uma autodestruição mais devastadora do futuro de toda uma geração. Muitos dos próprios políticos, intelectuais e outros que proclamaram em voz alta e com frequência que a discriminação explica todas as diferenças entre negros e brancos ficaram eles mesmos horrorizados e perplexos com essa reviravolta. No entanto essas atitudes entre os jovens negros fazem todo sentido se a visão que lhes é apresentada é verdadeira. Por que estudar e disciplinar-se em preparação para o mundo adulto se suas chances de sucesso são, de qualquer maneira, mínimas? Pelo menos você pode mostrar que você não é otário a ponto de se deixar enganar. O que esses estudantes estão fazendo é consistente com a visão que lhes é apresentada, por mais tragicamente contraproducente que possa ser no mundo real.

Esse padrão de jovens capazes e ambiciosos que são contidos pelo medo da inveja e do ressentimento de seus pares não se limita aos negros ou aos Estados Unidos. Padrões semelhantes foram encontrados entre jovens da classe trabalhadora no extremo leste de Londres – padrão muito apropriadamente caracterizado por um observador como "repugnantemente insidioso"[53].

---

[52] GIBSON, Margaret A. Ethnicity and Schooling: West Indian Immigrants in the United States Virgin Islands. *Ethnic Groups*, v. 5, n. 3, 1983, p. 190-192.
[53] SCHOECK, Helmut. *Envy:* A Theory of Social Behaviour. Indianapolis: Liberty Press, 1966. p. 292.

E quanto àqueles cujos interesses devem ser sacrificados na busca pela justiça cósmica? Eles também reagem racionalmente, à luz das opções que lhes são apresentadas. Os indivíduos podem deixar de se esforçar tanto por cargos que têm menos probabilidade de conseguir ou podem se afastar de toda a sociedade, como fizeram alguns chineses altamente bem instruídos na Malásia e alguns indianos altamente bem instruídos em Fiji, ou como huguenotes altamente qualificados e altamente empreendedores se retiraram da França em séculos passados.

Nos Estados Unidos, onde a incapacidade de um empregador de ter uma força de trabalho etnicamente representativa da população local é considerada como evidência de discriminação, os empregadores podem escolher locais onde não existam concentrações de negros e, assim, minimizar seus riscos legais. Claro, isso paradoxalmente significa que os negros acabam perdendo oportunidades de trabalho por terem direito preferencial a empregos. Se os empregos perdidos dessa forma são mais ou menos numerosos do que os empregos adquiridos onde os empregadores locais aderem à política do governo, é uma questão empírica. No entanto a questão atrai notavelmente pouca atenção ou interesse daqueles que zelam pela "justiça social" simbólica. Também pode valer a pena notar que a taxa de progresso dos negros, em especial os negros de baixa renda, durante a era das políticas de ação afirmativa, foi menor do que na época das políticas de "igualdade de oportunidades" que a precederam, ou mesmo antes das políticas de igualdade de oportunidades[54].

Nessa e em outras circunstâncias, a busca pela justiça cósmica não significa necessariamente um resultado de maior igualdade ou justiça do que significa sob políticas destinadas a realizar a justiça humana tradicional e mundana. Os únicos vencedores inequívocos na busca pela justiça cósmica são as que acreditam na visão que ela projeta – uma visão na qual seus adeptos são tão moral e/ou intelectualmente superiores aos outros que a própria busca incessante por essa ideia é considerada como a única esperança daqueles que, de outra forma, seriam vítimas das pessoas menos importantes que compõem o resto da sociedade. Trata-se de uma visão autoelogiosa, da qual, portanto, não é fácil de desistir. Evidência contrária não só tem maior probabilidade de ser descartada, mas, muitas vezes, é atribuída à malevolência ou desonestidade daqueles que apresentam tal evidência.

---

[54] THERNSTROM, Stephan; THERNSTROM, Abigail. *America in Black and White:* One Nation, Indivisible. Nova York: Simon & Schuster, 1997. p. 184-188.

É difícil explicar a fúria e a crueldade daqueles que adotam essa visão de justiça cósmica, sempre que são desafiados, pelo simples fato de considerarem a política **A** melhor do que a política **B**. O que está em jogo para eles não é apenas uma opção política, mas toda uma visão do mundo e de seu próprio lugar neste mundo. Não admira que, raramente, seja possível ter discussões racionais sobre algumas dessas questões.

Ninguém deveria se dar por feliz com injustiças cósmicas. Por isso as verdadeiras perguntas são:

1. O que podemos fazer a respeito delas – e a que custo?
2. O que devemos fazer coletivamente a respeito delas – e quanto devemos deixar a cargo dos indivíduos propriamente ditos?

Tal como aqueles que buscam pela justiça cósmica precisam se conscientizar dos enormes custos dessa sua busca, também aqueles que veem a justiça cósmica como uma miragem perigosa devem reconhecer a naturalidade com que pessoas de todas as crenças filosóficas preferem a visão incorporada nessa busca e tentam praticá-la, sempre que as circunstâncias o permitirem sem custos ruinosos ou riscos perigosos. Não só líderes intelectuais conservadores como Milton Friedman e Friedrich Hayek reconheceram e lamentaram os infortúnios imerecidos de alguns e os enormes ganhos inesperados de outros, o comportamento de muitas pessoas altamente tradicionais revela preocupações semelhantes, expressas, por exemplo, na filantropia maciça, mas também na vida cotidiana. Mesmo as famílias mais conservadoras geralmente adotam o princípio marxista, "de cada um de acordo com suas habilidades, para cada um de acordo com suas necessidades", quando gastam vultuosamente para o benefício presente e futuro de filhos que, eles próprios, não geram dinheiro algum. Na verdade, esse padrão, às vezes, se estende até a idade adulta dos filhos e, muitas vezes, se estende a outros membros da família atingidos por desastres médicos ou financeiros.

O próprio caráter atrativo da justiça cósmica nos relacionamentos pessoais próximos e obrigações *recíprocas* dentro de uma família torna-se um perigo sedutor como política governamental de "direitos" (que *não* implica obrigações recíprocas) em uma sociedade extensa e impessoal. A alternativa às cruzadas políticas e programas governamentais não é que "não devemos fazer nada", como, às vezes, irrefletidamente se afirma. Nunca houve um momento em toda a história dos Estados Unidos em que nada estivesse sendo feito para compensar os infortúnios imerecidos dos pobres e dos desfavorecidos. De fato, como destacou Milton Friedman, o período de maior oposição ao papel do governo na economia no século XIX também foi um período de crescimento inédito na filantropia privada. Foi também um período de aumento dos esforços sociais privados por parte de voluntários em toda a América. Tais esforços, aliás, tiveram um efeito dramático na redução da criminalidade e de outros males sociais, como o alcoolismo. Na verdade, eles foram muito mais eficazes do que os programas mais massivos administrados pelo governo que se iniciaram na década de 1960.

A filantropia organizada e os esforços individuais para ajudar aqueles que nasceram em circunstâncias menos afortunadas têm sido tão difundidos entre aqueles que se opuseram às "soluções" quanto entre aqueles que as promovem, mesmo que os primeiros não demonstrem sua compaixão da mesma maneira que os últimos. Somente quando os registros pessoais de Adam Smith foram abertos, após sua morte, é que se revelou quanto de sua modesta riqueza tinha sido doada para ajudar os outros. Milton Friedman criou uma fundação para promover bolsas escolares com a finalidade de tentar resgatar crianças cujos pais são pobres demais para permitir que escapem da educação inferior que recebem em escolas públicas. Vários outros conservadores tiveram atitudes semelhantes, inclusive aqueles cujas fortunas foram para as fundações Carnegie, Ford e Rockefeller, enquanto outros, mais tarde, mudaram o foco para a promoção de uma visão muito diferente da dos benfeitores. Tais fatos simples podem ser surpreendentes para alguns apenas porque não se encaixam na visão predominante, por mais ampla ou por mais tempo que tenham se encaixado aos fatos.

A questão não é se os infortúnios imerecidos devem ser enfrentados. A questão é se serão enfrentados politicamente, ao invés das inúmeras outras maneiras pelas quais foram, estão sendo e serão enfrentados, geralmente sem os altos custos, resultados contraproducentes e perigosos para todo o tecido da sociedade que a politização de tais infortúnios repetidamente tem produzido em países ao redor do mundo. No mínimo, é necessário entender a distinção entre estabelecer regras prospectivas para o comportamento dos seres humanos de carne e osso uns em relação aos outros e tentar ajustar retrospectivamente e de forma *ad hoc* o cosmos aos nossos gostos.

Não só a justiça cósmica difere da justiça tradicional, e entra em conflito com ela, como também, e de modo mais significativo, a justiça cósmica é irreconciliável com a liberdade pessoal baseada no estado de direito. A justiça tradicional pode ser produzida em massa por regras prospectivas impessoais que regem as interações entre seres humanos de carne e osso, mas a justiça cósmica precisa ser artesanalmente feita por detentores do poder que impõem suas decisões relativas a como esses indivíduos de carne e osso devem ser categorizados em abstrações e como essas abstrações devem então ser configuradas à força para se adequar à visão dos detentores de poder. O mero poder de selecionar beneficiários é, em si, um poder enorme, pois representa também o poder de selecionar vítimas – e reduzir ambos ao papel de suplicantes àqueles que detêm esse poder.

Uma das diferenças fundamentais entre as formas políticas e não políticas de lidar com infortúnios imerecidos é que as não políticas não adquirem a rigidez fatal da lei, tampouco exigem a visão ou a realidade do desamparo e da dependência. Também não exigem a demonização daqueles que pensam de outro modo ou a polarização da sociedade. Além disso, a quantidade da ajuda e as circunstâncias da ajuda podem ser adaptadas às circunstâncias individuais dos beneficiários de uma forma que não é possível quando a rigidez da lei cria "direitos" ao que os outros conquistaram, independentemente do próprio comportamento ou do papel desse comportamento nos infortúnios sofridos.

Mais importante de tudo, as tentativas de melhorar a sociedade, no geral, bem como dos mais desafortunados, em particular, não precisam, de maneira alguma, assumir a forma de ajuda direta. Ao contrário, esses esforços podem assumir a forma mais eficaz de criar circunstâncias econômicas e outras nas quais os próprios indivíduos possam encontrar "vida, liberdade e a busca da felicidade". Tal abordagem não visa a alimentar os famintos, mas estabelecer condições nas quais ninguém tenha que passar fome, em primeiro lugar, circunstâncias nas quais haja empregos disponíveis para quem estiver disposto a trabalhar. Sua ênfase não está em ajudar os que estão na pobreza, mas em tirá-los dela e evitar que outros nela caiam.

O desenvolvimento econômico tem sido a mais bem-sucedida de todas as políticas de combate à pobreza. Não foi há muito tempo, conta a história, quando coisas como laranja e cacau eram luxos dos ricos; e quando era considerado uma extravagância para o presidente dos Estados Unidos ter uma banheira com água corrente instalada na Casa Branca. No século XX, no espaço de uma geração, automóveis, telefones e geladeiras deixaram de ser artigos de luxo dos ricos para serem comuns entre a população em geral.

O bem-estar material, é claro, não é tudo. A justiça também importa. Mas, qualquer que seja a visão de um mundo justo, o fundamental é reconhecer que (1) visões diferentes levam a políticas práticas radicalmente diferentes, que (2) continuaremos a nos desentender uns com os outros enquanto não reconhecermos que a justiça cósmica muda o próprio significado das palavras mais simples, e que (3) o que quer que escolhamos fazer deve basear-se em uma compreensão clara dos custos e perigos das alternativas reais, não simplesmente no sentimento obstinado de exaltação produzido por palavras ou visões específicas. Em se reconhecendo que muitas pessoas "sem que seja por sua culpa" têm perdas inesperadas, enquanto essas mesmas pessoas – e outras – também têm ganhos inesperados, já passa, então, da hora de reconhecer também que os contribuintes *sem que seja por sua culpa* foram forçados a subsidiar aventuras morais que exaltam os filósofos sociais autoproclamados. Vítimas de crimes violentos foram forçadas a suportar perdas ainda mais dolorosas dessas mesmas aventuras morais.

Não há dúvida de que um mundo em que a justiça cósmica prevalecesse seria um mundo melhor do que um mundo limitado à justiça tradicional. No entanto uma coisa é protestar contra o destino, e ninguém deve confundir isso com uma crítica séria à sociedade existente, muito menos com uma base para construir uma melhor.

Há uma fábula antiga sobre um cão com um osso na boca. Ao olhar para uma piscina cheia de água, ele vê um reflexo que parecia ser outro cão com outro osso, e o outro osso parecia ser maior do que o seu osso. Determinado a pegar o outro osso, o cão abriu a boca e se preparou para pular na água. Isso, é claro, fez com que seu próprio osso caísse na água e se perdesse. A justiça cósmica é muito semelhante ao osso ilusório: também pode nos fazer perder o que é alcançável na busca pelo inalcançável.

[CAPÍTULO 2]

Capítulo 2
A miragem da igualdade

Muitos homens acalentam por anos, como seu hobby, a vaga sombra de uma ideia, por demais insignificante para ser decididamente falsa...
— Charles Sanders Peirce

Igualdade, como justiça, é uma das palavras mais fatídicas — e indefinidas — de nossos tempos. Sociedades inteiras podem ser, e têm sido, prejudicadas pela busca apaixonada dessa ideia inapreensível. Não há nada de errado com a igualdade propriamente dita. Na verdade, a ideia em si é bastante atraente. Na pior das hipóteses, desigualdades flagrantes não são atraentes, mesmo para aqueles que as aceitam inevitáveis, como a morte, ou como o menor dos males alternativos. Mas equiparar a atratividade do conceito a uma imposição de políticas públicas voltadas para a igualdade é pressupor que a politização da desigualdade seja isenta de custos e perigos, quando, na verdade, tal politização pode ter custos muito altos e perigos muito graves. A conveniência abstrata da igualdade, assim como a conveniência abstrata da imortalidade, é irrelevante para a escolha do curso prático de ação a seguir. O que importa é o que estamos preparados para fazer, arriscar ou sacrificar em busca do que pode acabar se revelando uma miragem.

Processos elaborados para criar maior igualdade não podem ser julgados por esse objetivo, mas precisam antes ser examinados à luz dos processos criados em busca de tal objetivo. É a natureza desses processos — incluindo seu caráter potencial de criar dependência e a interminável disputa que podem gerar, caso igualmente se mostre impossível de ser alcançada – que cria os perigos. Em suma, o problema está na miragem, não na realização de uma ideia cuja concretização parece ser improvável.

SIGNIFICADOS DE IGUALDADE

Uma das razões pelas quais talvez seja impossível alcançar a igualdade é que sua mera definição envolve um poço sem fundo de complicações.

Os números podem ser iguais (2 + 3 = 5), porque têm apenas uma dimensão, a magnitude. Mas a igualdade entre entidades multidimensionais, mesmo entidades inanimadas e abstratas como o Produto Interno Bruto, pode ser impossível de definir – muito menos alcançar – quando o PIB de uma nação inclui muito mais produtos A, B e C, enquanto o PIB de outra nação inclui muito mais produtos X, Y e Z. Somente encontrando um denominador comum que possa ser aplicado a essas enormes variedades é possível dizer qual país tem o PIB total mais alto – e, mesmo assim, esse denominador comum pode ser tão arbitrário que não pode exigir a aquiescência daqueles cuja definição é diferente, e que, portanto, não podem considerar a igualdade definida por esse padrão arbitrário como algo diferente da desigualdade segundo o padrão que preferem.

No caso de determinar qual país tem o Produto Interno Bruto mais alto, o primeiro país pode ter um PIB mais alto se o denominador comum for o preço dos bens medido pelas taxas de câmbio oficiais, enquanto o segundo país pode ter um PIB mais alto se o parâmetro for qual país poderia de fato comprar todo o PIB do outro país no mercado internacional e ainda sobrar alguma coisa. Pelo primeiro critério, o Japão tem uma produção per capita maior do que os Estados Unidos, mas, pelo segundo critério, os Estados Unidos têm uma produção per capita 25% maior que o Japão[55].

Dado que os seres humanos são ainda mais multidimensionais, definir a igualdade entre eles se torna ainda mais problemático e, em última instância, arbitrário, com exceção das dificuldades subsequentes de se alcançar a igualdade, independentemente de como ela possa ser definida.

---

[55] STEIN, Herbert; FOSS, Murray. *An Illustrated Guide to the American Economy*. Washington, D.C.: The AEI Press, 1992. p. 8-9.

A igualdade econômica, por exemplo, pode ser alcançada apenas por medidas políticas que exigem vastas concentrações de poder nas mãos de um número relativamente pequeno de pessoas no governo – e mesmo essa troca significativa de desigualdade econômica por desigualdade política pode deixar intocado o vasto espectro de outras desigualdades de inteligência, talento, aparência física, charme, articulação, etc., que podem ter maior influência nas perspectivas de felicidade de muitos indivíduos do que as desigualdades econômicas que foram abordadas a um custo tão alto. No entanto, como as desigualdades econômicas são o foco central daqueles que buscam uma sociedade mais igualitária, pode ser útil explorar algumas das dificuldades já existentes da mera definição e determinação da desigualdade econômica, para bem além dos custos e perigos da tentativa de efetuar mudanças fundamentais no sistema econômico na esperança de obter resultados mais igualitários.

Igualdade e desigualdade econômica

Ironicamente, as desigualdades econômicas, que são amplamente consideradas muito mais graves do que as desigualdades no esporte, por exemplo, são muito menos bem documentadas ou mesmo bem definidas. É prática comum nas estatísticas esportivas acompanhar o mesmo indivíduo ao longo de vários anos, mas essa é uma prática relativamente nova nas estatísticas sobre desigualdades de renda. Mesmo agora, a maioria das estatísticas que circulam sobre "os ricos" e "os pobres" são estatísticas agregadas sobre estratos de renda *em um dado momento*, embora a maioria dos americanos não permaneça no mesmo quintil da distribuição de renda ao longo de uma década. Considerando-se essa transitoriedade na pertença a diferentes faixas de renda, é possível entender algumas estatísticas intrigantes sobre o estilo de vida dos "pobres".

As pessoas no quintil inferior da distribuição de renda gastam quase dois dólares para cada dólar de renda que recebem[56]. Dois terços das pessoas definidas pelas estatísticas como "pobres" têm ar-condicionado, e mais da metade tem um carro ou caminhão. Mais de um quarto dos "pobres" tem dois carros e/ou caminhões, e centenas de milhares deles possuem casas que

---

[56] RECTOR, Robert. Poverty in U.S. is Exaggerated by Census. *Wall Street Journal*, Sep. 25, 1990, p. A18.

custam mais de 150 mil dólares[57]. Por mais intrigantes que essas anomalias possam parecer se estivéssemos discutindo uma classe permanente de pessoas genuinamente pobres, elas são compreensíveis em uma categoria estatística que inclui a transitoriedade. Em um ano qualquer, muitos empresários podem estar obtendo não apenas rendimentos baixos, mas rendimentos *negativos* à medida que seus negócios sofrem prejuízo. Profissionais liberais, artistas e outros também podem amargar períodos em que ficam entre os 20% mais pobres em um determinado ano. Muitos alunos de turmas de ensino médio e superior ingressam na força de trabalho no meio do ano, ganhando apenas metade do que normalmente ganharão quando trabalharem o ano inteiro. A menos que encontrem empregos com salários muito altos, seus ganhos de meio ano podem muito bem deixá-los estatisticamente entre os "pobres".

É improvável que pessoas de classe média ou ricas renunciem a todas as mordomias de seu estilo de vida só por estarem tendo um ano de perdas, especialmente quando têm recursos financeiros e/ou crédito que as sustentem até sua situação voltar a melhorar. Em suma, muitos dos que se encontram entre os 20% mais pobres na distribuição de renda não são "pobres" em qualquer sentido significativo e não vivem como pessoas que esperam permanecer ali. Como apenas 3% da população americana permanece no quintil inferior por até oito anos, não é de surpreender que muitos daqueles que são definidos como estando na pobreza em um determinado ano não agem como se estivessem.

Ao contrário do cuidado com que são acompanhadas as estatísticas esportivas, a maioria das estatísticas sobre "os pobres" ignoram totalmente seus ativos financeiros. Assim, uma pessoa com um milhão de dólares no banco, ou que possui bens que valem milhões, será incluída no grupo dos "pobres" durante os anos de mau desempenho em seu negócio ou profissão, quando suas receitas, durante um ano ruim, mal superam seus custos naquele ano em particular, ou quando sua receita líquida para aquele ano pode ser negativa. Política ou ideologicamente, é claro, os incentivos existem para maximizar o número de pessoas que podem ser contadas como "pobres", a fim de justificar movimentos ou políticas ostensivamente destinadas a reduzir a pobreza.

A imagem radicalmente diversa produzida pelo acompanhamento, ao longo do tempo, de seres humanos reais de carne e osso, diferentemente

---

[57] RECTOR, Robert. The Myth of Widespread American Poverty. *The Heritage Foundation Backgrounder*, n. 1221, Sep. 18, 1998, p. 1.

daquela produzida a partir da observação de estatísticas referentes a um dado momento, aplica-se não apenas aos "pobres", mas também aos "ricos". A típica versão cinematográfica hollywoodiana dos ricos − alguém nascido em uma mansão, herdeiro de uma fortuna, educado em esnobes escolas particulares e faculdades da Ivy League − pouco se assemelha a milionários reais estudados na década de 1990 − ou, por falar nisso, na década de 1890. Um estudo de 1996 revelou que quatro quintos de todos os milionários americanos estudados acumularam suas fortunas em seu tempo de vida. Um estudo de 1892 chegou à mesma conclusão[58].

As origens sociais de um grupo de indivíduos com patrimônio líquido de 10 milhões de dólares cada, ou mais, foram inadvertidamente reveladas em uma reunião patrocinada por uma organização financeira, na qual comidas e bebidas requintadas tinham sido preparadas para um grupo mais parecido com o típico milionário de Hollywood ou "os ricos" da retórica política:

> Para garantir que nossos entrevistados decamilionários ficassem à vontade durante a entrevista, alugamos uma luxuosa cobertura no elegante East Side de Manhattan. Contratamos também dois especialistas em refeições *gourmet*, que montaram um menu com quatro patês e três tipos de caviar. Para acompanhar, os especialistas sugeriram uma caixa de um Bordeaux 1970 de alta qualidade mais uma caixa de um "maravilhoso" cabernet sauvignon 1973... Durante a entrevista de duas horas que se seguiu, os nove entrevistados mudavam constantemente de posição nas poltronas. De vez em quando, lançavam um olhar para o bufê. Mas ninguém tocou no patê nem bebeu os vinhos clássicos. Sabíamos que estavam com fome, mas tudo o que comeram foram os biscoitinhos gourmet[59].

Claramente, esses multimilionários estavam em um ambiente desconhecido, baseado em um estilo de vida muito diferente daquele em que, de fato, viviam. Ao contrário dos milionários dos filmes de Hollywood, a maioria dos milionários americanos não leva um estilo de vida luxuoso. O custo médio de seus automóveis − 24.800 dólares − é apenas alguns mil dólares a mais do que o automóvel de um americano médio e está bem abaixo do custo de carros

---

[58] STANLEY, Thomas J.; DANKO, William D. *The Millionaire Next Door:* The Surprising Secrets of America's Wealthy. Atlanta: Longstreet Press, 1996. p. 16.
[59] *Ibid.*, p. 27-28.

de luxo, como o Cadillac ou o Lexus[60]. O número de milionários americanos que têm um cartão de crédito da Sears é o dobro dos que têm um cartão de crédito da Neiman Marcus[61]. A maioria nunca chegou a pagar 400 dólares por um terno. Para cada milionário que compra um terno de mil dólares, seis ou mais não milionários os compram[62][63].

Ao final, nem os ricos nem os pobres correspondem ao retrato clássico de uma classe em que as pessoas nascem, vivem e morrem – e na qual mantêm um estilo de vida resultante dessa permanência. Os persistentemente ricos e persistentes pobres, juntos, não constituem um segmento importante da população americana, embora as questões políticas sejam muitas vezes enquadradas como se eles o fossem. Como já observado, apenas 3% dos americanos permanecem nos 20% inferiores por até oito anos. Apenas 3,5% da população americana tem um patrimônio líquido de um milhão de dólares ou mais[64], embora o patrimônio líquido inclua literalmente a pia da cozinha, bem como outros bens domésticos, roupas, fundos de pensão e outros ativos que não poderiam ser transformados, de imediato, em dinheiro vivo. No entanto, mesmo com essa generosa definição, tanto os ricos quanto os pobres – juntos – somam menos de 7% da população americana. Contudo grandes batalhas políticas e ideológicas são, muitas vezes, travadas como se fossem os grupos centrais da sociedade, e não os outros 93% que não são, em nenhum sentido significativo, ricos nem pobres.

Um fator importante tanto na renda quanto na riqueza é a idade. Aqueles que trabalham há muitos anos tendem a avançar na carreira para cargos mais bem pagos e a acumular mais ativos, seja sob a forma de dinheiro no banco ou em fundo de pensão, seja sob a forma de direito de propriedade. Pessoas na casa dos sessenta anos têm uma renda persistentemente mais alta do que pessoas na casa dos vinte anos, e patrimônios líquidos muito maiores. Em suma, a participação em várias faixas de renda tende a ser transitória, pelo menos na economia americana, devido tanto à idade quanto aos altos e baixos comuns das carreiras dos indivíduos e da economia na qual se inserem.

---

[60] *Ibid.*, p. 113.
[61] *Ibid.*, p. 44.
[62] *Ibid.*, p. 33.
[63] O leitor deve ter em conta que as cifras aqui escritas são referente ao ano de lançamento da obra nos Estados Unidos. (N. E.)
[64] STANLEY, Thomas J.; DANKO, William D. *The Millionaire Next Door:* The Surprising Secrets of America's Wealthy. Atlanta: Longstreet Press, 1996. p. 12.

No entanto esse fato teve muito pouco efeito sobre visões, cruzadas ou sobre a retórica que ataca a "desigualdade".

Igualdade e desigualdade de desempenho

Até agora, ao falarmos em igualdade entre os seres humanos, mencionamos apenas a igualdade de benefícios. Entretanto a maioria dos benefícios precisa ser produzida, e outra dimensão da igualdade é a igualdade da produtividade ou desempenho. Os partidários do igualitarismo se ofendem ao ouvirem que outra raça, gênero ou outros agrupamentos sociais são considerados inferiores em produtividade ou desempenho, em especial, se se alega que eles são naturalmente assim. Mas o meramente definir desempenho de maneira única pode ser praticamente impossível, mesmo em um campo restrito.

Escolhamos deliberadamente um exemplo sem conotações ideológicas que confundiriam a questão: a média de rebatidas de Ty Cobb (1886-1961)[65], ao longo de sua vida, foi 25 pontos maior do que a de Babe Ruth (1895-1948), mas Ruth acertou muito mais *home runs*[66]. Para chegar a um denominador comum, a fim de comparar seus desempenhos como rebatedores, é preciso determinar arbitrariamente quantos *singles*[67] equivalem a quantos *home runs* – e tudo isso sem contar as diferenças entre Cobb e Ruth como corredores de *outfield*[68] ou corredores de base, ou o fato de Ruth ter sido um dos melhores arremessadores no *baseball* no início de sua carreira. Observe novamente que todas essas complicações surgem apenas na definição da igualdade de desempenho em um aspecto de uma especialidade restrita como o *baseball* profissional. Nós sequer começamos a abordar a questão de como outros jogadores poderiam se equiparar a Cobb ou Ruth em desempenho, muito menos o que a igualdade de desempenho significaria ao compararmos desempenhos em um vasto espectro de campos de atuação.

Um dos aspectos que torna o esporte fascinante para tantas pessoas são os debates intermináveis sobre quem foi "o melhor" em determinado

---

[65] Foi um dos mais reconhecidos e aclamados jogadores de *baseball* dos Estados Unidos. (N. E.)
[66] Terminologia típica do *baseball*. Trata-se de quando o rebatedor da base principal consegue atingir a bola lançada e contornar as demais bases em uma só corrida. (N. E.)
[67] Quando a rebatida do jogador da base principal lhe permite avançar apenas uma base. (N. E.)
[68] Trata-se dos três defensores que ficam na linha externa do campo menor, na linguagem técnica do esporte, são os jogadores 7, 8 e 9. (N. E.)

esporte, ou mesmo em uma determinada especialidade dentro de um determinado esporte – o maior *quarterback*[69], *shortstop*[70], peso meio-médio, meio-campo, goleiro etc. Nunca se chega a uma conclusão nesses debates, justamente porque não existe denominador comum, mesmo quando os fatos são amplamente documentados, incontestáveis e amplamente disponíveis. A *The Baseball Encyclopedia*, por exemplo, contém quase três mil páginas de estatísticas detalhadas, impressas em letras miúdas e cobrindo todos os jogadores da história da liga principal de *baseball*. No entanto a discussão continua, porque definir a igualdade – e seus corolários, superioridade e inferioridade – é, em última análise, um dilema conceitual, e não empírico.

Questionar a igualdade, seja como conceito ou como aplicação política, não é defender a desigualdade. As dificuldades conceituais para se definir de quem é igual se aplicam também à definição de quem é superior e quem é inferior. Essas dificuldades não são insuperáveis, mas exigem algumas especificações adicionais, e essas especificações, em última análise, devem ser arbitrárias. Algumas dessas dificuldades ficam evidentes quando recorremos a exemplos concretos envolvendo igualdade ou desigualdades de renda e riqueza, igualdade ou desigualdades de desempenho, igualdade ou desigualdades de mérito, tudo no nível individual. Também surgem dificuldades quando se considera a igualdade ou desigualdades de um grupo em relação a grupos minoritários dentro de uma determinada sociedade, ou igualdade ou desigualdade cultural em relação a uma sociedade comparada com outra ou a uma civilização em comparação com outra.

Cultura versus igualdade

Em todos os estágios da história, grandes disparidades de desempenho têm sido comuns entre povos, nações, regiões e muitos outros agrupamentos de seres humanos. Essas disparidades são de ordem econômica, militar, tecnológica, e assim por diante, em um vasto espectro de diferenças humanas. As raças constituem apenas um dos muitos agrupamentos que diferem em desempenho, mas essas diferenças são igualmente profundas entre outros

---

[69] Jogador ofensivo de Futebol Americano, responsável por lançar a bola e coordenar as estratégias de ataque dentro do campo. (N. E.)
[70] Jogador que ocupa a posição entre a segunda e terceira bases da primeira linha de defesa; comumente considerado uma das posições mais difíceis do *baseball*. (N. E.)

agrupamentos cuja base de diferenciação não é genética. Além disso, algumas raças que foram claramente muito mais avançadas tecnológica ou organizacionalmente do que outras, em um estágio da história, também ficaram para trás dessas outras raças em outro momento.

A China, por exemplo, em muitos aspectos tecnológicos e organizacionais, foi muito mais avançada do que qualquer nação na Europa, por muitos séculos. Entretanto, nos últimos séculos, os papéis da China e da Europa se inverteram. Mesmo dentro da Europa, durante a maior parte da história registrada do continente, os povos do Sul da Europa foram mais avançados do que os povos do Norte. A Grécia tinha Platão e Aristóteles, a Acrópole e o Colosso de Rodes numa época em que grande parte do norte da Europa consistia em sociedades tribais analfabetas, levando vidas primitivas. No entanto a fronteira tecnológica, econômica e científica da Europa concentrou-se, nos últimos séculos, nas nações do Norte e do Oeste do continente.

Claramente, a questão de saber se houve grandes diferenças de desempenho entre os povos, a partir de um dado momento, é bastante diferente da questão de saber se essas diferenças são de origem racial ou genética. Mesmo assim, a resistência ao reconhecimento de desempenhos superiores tem sido, nos últimos tempos, feroz, determinada e engenhosa, ainda que nem sempre ingênua.

As negações mais generalizadas da superioridade do desempenho basearam-se em "percepções" e "estereótipos" claramente tendenciosos. Aqueles que adotam essa abordagem de relativismo cultural reconhecem apenas diferenças, não superioridade. No entanto todas as culturas servem a propósitos práticos, além de serem simbólicas e emocionais, e servem a esses propósitos com mais ou menos eficiência – não apenas nas opiniões de observadores específicos, mas, mais importante, nas *práticas* das sociedades em si, que tomam emprestado de outras culturas e descartam suas maneiras próprias de fazer determinadas coisas.

A civilização ocidental, por exemplo, abandonou os algarismos romanos nas operações matemáticas em favor de um sistema de numeração muito diferente do originário da Índia e transmitido ao Ocidente pelos árabes. O Ocidente também abandonou pergaminhos em favor do papel, e escribas em favor da impressão, em cada caso escolhendo coisas originárias da China em detrimento de coisas originárias da cultura ocidental. Em todo o mundo, onde quer que tivessem escolha, os povos abandonaram arcos e flechas em favor das armas de fogo. Grande parte da história do avanço da raça humana tem sido uma história de empréstimos culturais em massa que criaram uma tecnologia mundial moderna, seja em casa, no Japão, na Europa ou nos Estados Unidos.

Quaisquer que sejam as teorias dos relativistas culturais, as práticas reais dos seres humanos em praticamente todas as culturas ao longo da história contradizem a noção de que se trata apenas uma questão de "percepções". Essas práticas dos seres humanos em todo o planeta e ao longo da história – as preferências reveladas pelo empréstimo cultural – constituem um denominador comum segundo o qual produtos específicos de muitas culturas podem ser comparados. Nesse esquema comum de avaliação, fica claro que algumas economias, por exemplo, têm um desempenho muito melhor do que outras. Tampouco isso é meramente uma percepção ligada à cultura. Muitos produtos japoneses encontram inúmeros compradores em sociedades culturalmente muito diferentes da japonesa.

Dentro das sociedades, como entre as sociedades, não é possível encontrar igualdade de desempenho. Como disse o ilustre historiador francês Fernand Braudel (1902-1985): "Em nenhuma sociedade todas as regiões e todas as partes da população se desenvolveram igualmente"[71]. A igualdade de desempenho é a mais difícil de todos os tipos de igualdade de se acreditar, seja em qual for a base, exceto por puro dogma. O mesmo homem não é igual em dias diferentes, menos ainda em diferentes fases da vida. No entanto negações e subterfúgios de diferenças de desempenho assumem muitas formas. Uma vasta literatura e poderosas doutrinas jurídicas e políticas em muitos países proclamam que as disparidades intergrupais em representação ou recompensas são "desigualdades" devido à discriminação aberta ou ao viés subconsciente de indivíduos, instituições ou da "sociedade".

Praticamente ninguém, de maneira séria, negou que a discriminação e o preconceito resultaram em inúmeras desigualdades. É a proposição contrária – a de que a discriminação ou o preconceito pode ser inferido de desigualdades estatísticas – que é o *non sequitur*[72] reinante de nossos tempos, tanto no âmbito intelectual quanto político. Provar estatisticamente que os padrões observados de representação ou recompensa não se devem ao mero acaso é considerado praticamente uma prova de que se devem à dis-

---

[71] BRAUDEL, Fernand. *A History of Civilizations*. Tradução Richard Mayne. Nova York: The Penguin Press, 1994. p. 17.
[72] Conclusão que não se segue logicamente das premissas aferidas. (N. E.)

criminação – não a diferenças de desempenho. A suposição implícita é que uma representação ou recompensa mais ou menos uniforme ou aleatória pelo desempenho poderia ser esperada na ausência de políticas e práticas institucionais ou sociais que desfavoreçam um grupo em relação a outros. No entanto nunca houve um mundo uniforme ou aleatório, mesmo em assuntos não controlados pelos preconceitos dos outros. Diferenças não apenas de desempenho, mas também diferenças de sorte, e em muitos outros fatores, distorcem totalmente a imagem simples de um mundo uniforme, regular ou equilibrado.

No caso de muitas disparidades sociais, os beneficiários que praticaram a discriminação, com frequência, foram eles próprios minorias impotentes, que não têm como discriminar as populações majoritárias de seus respectivos países. A história dos judeus na Europa Oriental, dos "chineses ultramarinos" no Sudeste Asiático, dos libaneses na África Ocidental e dos emigrantes da Índia em Fiji são apenas alguns dos exemplos. Inúmeros fatores estão por trás dessas disparidades, incluindo não apenas diferenças de desempenho, mas também diferenças na média de idade (muitas vezes diferindo em uma década ou mais de um grupo racial ou étnico para outro), diferenças na distribuição regional e outras diferenças que podem ser óbvias, especulativas ou desconhecidas. O que é totalmente infundada é a suposição predominante de que o mundo seria aleatório ou equilibrado na ausência de discriminação ou de preconceito por parte de indivíduos, instituições ou da "sociedade".

Os fatores que agem contra a igualdade de desempenho são incontáveis, a começar pelo meio físico em que diferentes povos evoluíram do ponto de vista cultural e econômico. A geografia não é igualitária. O próprio solo em que pisamos é radicalmente diferente em termos de fertilidade, topografia, riqueza mineral e outras características. As vias navegáveis são abundantes na Europa Ocidental e dolorosamente escassas na África subsaariana. Grandes animais de carga, como cavalos e bois, que durante séculos desempenharam um papel vital na vida econômica de muitas partes do mundo, inexistiam no Hemisfério Ocidental antes da chegada de Colombo. Não é incomum que o volume de chuva em um lado de uma cordilheira seja dez vezes maior do que no outro lado, gerando perspectivas agrícolas radicalmente diferentes para os povos das duas regiões. A geografia é absolutamente alheia aos anseios humanos de igualdade.

Não se trata apenas de que os níveis econômicos variam enormemente de uma região do planeta para outra em função de diferenças geográficas fortuitas. Mais fundamentalmente, *as próprias pessoas* variam em seu desenvolvimento cultural, conforme suas respectivas configurações geográficas facilitarem ou impedirem seu desenvolvimento econômico e sua exposição a um mundo mais amplo de interações econômicas e culturais.

Como os esquimós adquiririam as habilidades e a experiência necessárias para cultivar abacaxi ou outras culturas tropicais? Como os povos do Himalaia aprenderiam a navegar em alto-mar? Como os escandinavos ou polinésios poderiam saber tanto sobre camelos quanto os beduínos do Saara, ou como os beduínos poderiam saber tanto sobre pesca quanto os escandinavos ou os polinésios? Considerando-se que os depósitos minerais, fundamentais para a Revolução Industrial, não existiam nos Balcãs nem poderiam ter sido transportados para lá sem custos proibitivos, como poderiam os emigrantes dos Balcãs ter trazido consigo para a América do Norte ou para a Austrália as habilidades industriais das pessoas dos centros industriais ricos em minerais da Alemanha ou da Grã-Bretanha?

As pessoas que vivem em ilhas isoladas no mar, em comunidades montanhosas remotas, ou em outros ambientes geográficos que limitam sua exposição cultural, geralmente tendem a ficar para trás em desenvolvimentos tecnológicos, organizacionais e outros que surgem entre pessoas mais favoravelmente situadas. Quando invadiram as Ilhas Canárias, no século XV, os espanhóis encontraram povos de uma raça caucasiana vivendo como se estivessem na Idade da Pedra. O mesmo se deu com os aborígenes australianos quando os britânicos os encontraram.

No mundo inteiro, segundo Braudel, as montanhas "permanecem quase sempre à margem das grandes ondas da civilização", pois as civilizações "são uma conquista urbana e das planícies"[73]. As cidades estão há muito tempo na vanguarda do progresso humano em todo o mundo e ao longo de séculos de história. Mas as cidades não surgem igualmente em todos os cenários geográficos. Nos milênios que antecederam o surgimento das ferrovias, a maioria das cidades surgiu em torno de vias navegáveis. Essas hidrovias são muito mais comuns na Europa Ocidental do que na África subsaariana, assim como as cidades.

---

[73] BRAUDEL, Fernand. *The Mediterranean and the Mediterranean World in the Age of Philip II*. Nova York: Harper & Row, 1972. p. 34. Edição brasileira em dois volumes: *O Mediterrâneo e o Mundo Mediterrâneo na época de Filipe II*. São Paulo: EDUSP, 2016. (N. E.)

Diferenças de localização significam que o sol incide em diferentes partes do mundo com intensidades variadas, provocando profundas diferenças no clima e, portanto, na agricultura e nas doenças. A disponibilidade de água potável, a agricultura ou o transporte também diferem radicalmente no planeta – e, mesmo quando existem duas regiões, são servidas por rios, o contraste entre esses rios pode afetar a viabilidade econômica das regiões às quais eles servem e o desenvolvimento cultural dos povos que as habitam. Enquanto os rios da Europa Ocidental podem fluir o ano inteiro, os rios da Rússia podem ficar congelados por meses, e os rios da África podem ser navegáveis apenas por trechos limitados, devido a cascatas e cachoeiras, para não falar nas drásticas mudanças sazonais nos padrões pluviais.

Seria um milagre se todas essas variáveis geográficas – e muitas outras – operassem de tal forma que a evolução de cada grupo em seu meio físico específico gerasse os mesmos níveis de habilidades nos mesmos campos de atuação que outros povos em outros lugares, mesmo durante uma determinada época, muito menos ao longo dos séculos e milênios da história humana.

Tais disparidades geograficamente influenciadas a partir de uma determinada época, muitas vezes, persistem ao longo do tempo, mesmo quando os povos se deslocam de um ambiente geográfico para outro, levando consigo um conjunto específico de habilidades e todo um universo mental, transplantando-o para um cenário diferente, onde competem com os povos nativos da região e com povos transplantados de outros cenários que produziram habilidades e culturas diferentes. Os escoceses das terras altas há muito diferem culturalmente dos escoceses das planícies, não apenas na própria Escócia, mas também nos Estados Unidos e na Austrália, onde os escoceses das planícies foram muito mais bem-sucedidos economicamente – como eram na própria Escócia[74]. Disparidades semelhantes marcaram as respectivas histórias de judeus alemães *versus* judeus do Leste Europeu ou de gujaratis *versus* os tâmiles da Índia, entre outros.

Mesmo se desconsiderarmos todas as diferenças que surgem das origens geográficas e suas consequências culturais, as diferenças demográficas por si só atuam poderosamente contra a igualdade de desempenho. Ninguém espera que as crianças pequenas tenham desempenho tão bom quanto ao dos adultos que tiveram décadas de educação e experiência – e os grupos

---

[74] MEYER, Duane. *The Highland Scots of North Carolina, 1732-1776*. Chapel Hill: University of North Carolina, 1961); Scots. In: JUPP, James (org.). *The Australian People. An Encyclopedia of the Nation, Its People and Their Origins*. North Ryde, N.S.W.: Angus & Robertson Publishers, 1988. p. 762, 764, 765-769.

diferem significativamente nas respectivas proporções de suas populações que consistem em crianças e adultos de meia-idade. Além disso, tais diferenças intergrupais nas características demográficas são comuns em sociedades ao redor do mundo.

Nos Estados Unidos, por exemplo, a idade média dos judeus é décadas mais velha que a idade média dos porto-riquenhos. Mesmo se porto-riquenhos e judeus fossem idênticos em todos os outros aspectos, eles ainda não estariam igualmente representados, em proporção às suas respectivas populações, em trabalhos que exigem anos de experiência, ou em lares para idosos, ou ainda em atividades associadas à juventude, como esportes ou crime. A questão aqui não é alegar que a idade em si explica a maior parte das diferenças de renda ou riqueza. A questão é que as diferenças de idade propriamente ditas são suficientes para impedir a igualdade que se presume existir na ausência de discriminação. Muitos outros fatores também tornam essa uma visão impossível.

Apesar da facilidade com que algumas discussões sobre renda se deslocam da categoria estatística da desigualdade para a categoria moral da injustiça, não há nada que exija uma explicação especial ou uma justificativa para o fato de um jovem que começa sua carreira na casa dos vinte anos de idade não conseguir ganhar tanto quanto seu pai, já na casa dos quarenta anos de idade, que tem décadas a mais de experiência e que teve mais tempo para construir uma reputação. Uma vez que o pai provavelmente também terá responsabilidades financeiras mais pesadas – enviar os filhos para a faculdade ou preparar-se para a sua própria aposentadoria e para as crescentes despesas médicas associadas à idade –, as diferenças estatísticas na renda não refletem necessariamente diferenças correspondentes ao bem-estar econômico. O filho pode até ser capaz de arcar com algumas mordomias ou luxos que seu pai não pode pagar com uma renda mais alta.

Dentro de determinadas famílias, há diferenças de desempenho nos testes mentais, por exemplo, entre o primogênito e os outros filhos. Um estudo dos finalistas da *National Merit Scholarship* separou os primogênitos dos irmãos mais novos e descobriu que mais da metade dos finalistas ao prêmio eram primogênitos – mesmo em famílias com cinco filhos[75]. Um estudo posterior revelou que as diferenças de QI entre irmãos se traduziram em diferenças de renda entre eles

---

[75] NICHOLS, Robert C. Heredity, Environment, and School Achievement. *Measurement and Evaluation in Guidance*, v. 1, n. 2, Summer 1968, p. 126.

de magnitude comparável às diferenças entre indivíduos não aparentados com QIs diferentes[76]. Se não se consegue alcançar a igualdade de desempenho entre indivíduos nascidos dos mesmos pais e criados sob o mesmo teto, seria realista esperar alcançá-la em divisões sociais mais amplas e mais profundas?

O simples fato de que as famílias diferem em tamanho aumenta as desigualdades estatísticas. As estatísticas sobre como a renda do quinto superior das famílias se compara com a renda do quinto inferior são enganosas quando não levam em conta que o quinto superior das famílias contém mais *pessoas* do que o quinto inferior. Famílias e domicílios diferem em tamanho de uma época para outra, de um grupo para outro e de uma faixa de renda para outra. Por exemplo, há mais de 50% de pessoas por família que ganham 75 mil dólares e mais, por família que ganha menos de 15 mil dólares. Esse é um dos motivos para suas diferenças de renda: as pessoas ganham dinheiro, e mais pessoas tendem a ganhar mais dinheiro.

Há mais do que o dobro de pessoas que geram renda por domicílio em famílias que ganham 75 mil dólares ou mais do que em domicílios que geram renda inferior a 15 mil dólares. Os 20% das famílias com renda mais alta fornecem 29% de todos os trabalhadores que trabalham 50 semanas ou mais por ano, enquanto os 20% mais pobres fornecem apenas 7% desses trabalhadores. Há explicações muito mundanas para muitas das diferenças estatísticas que alguns procuram explicar em termos mais sinistros e melodramáticos.

Algumas pessoas afirmam que os grupos também diferem geneticamente em seu potencial intelectual. Em vez de afundar nesse atoleiro de complicações analíticas e contracorrentes emocionais, podemos simplesmente dizer: não precisamos dessa hipótese. Ou seja, mesmo se todos os grupos (ou mesmo cada indivíduo) tivessem o mesmo potencial genético, juntamente às origens geográficas iguais e desenvolvimentos culturais iguais, as diferenças demográficas ainda tornariam a igualdade de desempenho virtualmente impossível. Quando as diferenças demográficas se somam a outras diferenças, a probabilidade de igualdade de desempenho se aproxima do ponto de fuga. Além disso, há outras razões para duvidar de explicações genéticas das diferenças entre grupos[77]. Aqui, no entanto, basta dizer que não precisamos dessa hipótese.

---

[76] MURRAY, Charles. IQ and Economic Success. *The Public Interest Summer*, 1997, p. 21-35.
[77] Vide, por exemplo, SOWELL, Thomas. *Race and Culture:* A World View. Nova York: Basic Books, 1994, Capítulo 6.

CONSEQUÊNCIAS ECONÔMICAS DA "IGUALDADE"

Até agora, consideramos algumas das inúmeras causas da desigualdade. Precisamos considerar também algumas das consequências do próprio conceito de igualdade, especialmente nos casos em que se trata de uma ideologia difundida e, muitas vezes, apaixonada aplicada ao mundo real. Entre as consequências estão as dificuldades em oferecer incentivos para que as pessoas deem o melhor de si no trabalho e riscos de desigualdades ainda maiores, tanto econômicas quanto políticas, resultantes da tentativa de aplicar a visão de igualdade ao mundo real.

Diferenciais salariais

Entre as consequências econômicas da busca apaixonada pela igualdade está a relutância ou a falta de vontade das instituições ou dos empregadores individuais em pagar aos empregados que realizam o mesmo trabalho um diferencial salarial suficiente que reflita as diferenças de produtividade no desempenho das mesmas funções. A mera diferença na quantidade de supervisão exigida para os funcionários pode representar uma diferença econômica considerável, mesmo que a produção dos trabalhadores medida individualmente seja a mesma, uma vez que o tempo de supervisão não é gratuito – na verdade, é provável que seja mais caro do que o tempo daqueles que estão sendo supervisionados. Mas, qualquer que seja a fonte do valor diferenciado de determinados funcionários para uma empresa, deixar que o salário de uma secretária seja o triplo do salário de outra secretária que tem as mesmas funções raramente é viável, no mínimo por razões morais. O mesmo é geralmente verdade em muitas outras ocupações.

A consequência prática é que as tentativas de refletir diferenças de produtividade com diferenças salariais, a fim de reter pessoas que poderiam ganhar mais em outro lugar, muitas vezes, assumem a forma de promoções, reais ou nominais. Uma excelente secretária, por exemplo, pode ser reclassificada como assistente administrativa e continuar realizando o mesmo trabalho de antes. Tais promoções puramente nominais fazem menos mal do que promoções genuínas que afastam um funcionário do cargo que ele desempenha de forma excepcional para assumir um novo trabalho, no qual seu desempenho possa não ser tão bom, ou mesmo adequado.

"Redistribuição" de renda

A "redistribuição" de renda não é apenas um corolário ideológico da paixão pela igualdade; compartilha também qualidades semelhantes da arrogância moralista, imprecisão analítica e confusão pura e simples. Como socialista fabiano, George Bernard Shaw definiu o socialismo como "uma proposta para distribuir a renda do país de uma nova maneira"[78]. No entanto a maior parte da renda não pode ser redistribuída porque, para começar, não foi distribuída. É paga diretamente pelos serviços prestados, e o valor pago é definido conjuntamente pelos indivíduos que prestam o serviço e aqueles a quem o serviço é prestado.

Isso fica óbvio no caso de quem engraxa sapatos ou quem pratica a odontologia, mas é verdade também para os que recebem um salário pelo trabalho realizado, em vez de serem pagos separadamente por serviço prestado. Alguns rendimentos são de fato distribuídos, seja como pagamentos da Previdência Social, auxílios emergenciais, subsídios ao trabalhador rural ou afins. Entretanto são dois processos muito diferentes, e a natureza desses processos e de suas consequências devem ser entendidas antes de se decidir mudar de um método de pagamento para outro.

Ninguém decide quanto "realmente" vale um engraxate ou um dentista. Em cada caso, a soma total de suas remunerações é a sua receita, após subtraídos seus respectivos custos. Em suma, cada cliente decide individualmente quanto vale para ele ter os sapatos engraxados ou um dente tratado. Nenhum julgamento coletivizado ou político é necessário para isso. Dessa forma, a concorrência do mercado define remunerações individuais cuja soma gera uma renda anual que não é predeterminada por ninguém. Aqueles que se beneficiam diretamente desses serviços podem determinar quanto vale o benefício para eles em cada instância, dosando seu uso de acordo com o preço de mercado, com o seu próprio bolso e com o princípio dos rendimentos decrescentes (já que poucos querem engraxar sapatos ou tratar dos dentes todos os dias).

Esse tipo mais ou menos ideal de determinação de renda pelo mercado é modificado, mas não alterado essencialmente, quando as pessoas são empregadas com salários definidos. Aqueles com maior procura, ou menor em

---

[78] SHAW, Bernard. *The Intelligent Woman's Guide to Socialism and Capitalism.* Nova York: Brentano's Publishers, 1928. p. 6.

oferta, provavelmente terão seus salários fixados em níveis mais altos. Além disso, aqueles que fazem um trabalho melhor têm maior probabilidade de manter o emprego durante demissões ou redimensionamentos, receber promoções – reais ou nominais –, bem como aumentos salariais. Em suma, aqui também se paga pelos serviços prestados aos que estão diretamente se beneficiando e de acordo com o valor desses serviços, segundo o julgamento individual daqueles que estão diretamente envolvidos. Mesmo no caso dos assalariados, a renda nem sempre é determinada apenas por esses salários, pois, muitas vezes, existem várias opções de geração de renda disponíveis após o horário de trabalho, seja exercendo de uma segunda atividade na mesma área ou em outra, seja investindo em vários empreendimentos, desde o mercado de ações, passando pelo setor imobiliário, até escrevendo um *best-seller*.

O que todas essas várias formas de determinação de renda pelo mercado têm em comum é que a renda *não* é distribuída. Ela é obtida diretamente de acordo com seu valor para os outros e à luz da concorrência de outras fontes disponíveis dos mesmos serviços. Defender uma política de "redistribuição" de renda é defender não apenas uma mudança nos resultados estatísticos, mas uma mudança mais profunda em todo o processo pelo qual as pessoas são remuneradas. A palavra "redistribuição" é muito enganosa, na medida em que simplesmente temos a distribuição **A** hoje, e, segundo o discurso igualitarista, devemos adotar a distribuição **B** no futuro. Estamos falando em coletivizar e politizar o nível econômico de cada indivíduo. Uma mudança institucional de tal porte deve permanecer ou cair por seus próprios méritos, e não ser silenciosamente introduzida por palavras tranquilizadoras ou por um prefixo inócuo como "re-".

A ideia de que terceiros podem determinar quanto o trabalho de alguém "realmente" vale implica não apenas uma inacreditável arrogância, mas uma confusão intelectual. O próprio fato de ocorrer uma troca é inconsistente com a existência de qualquer valor "real" que possa ser objetivamente identificado por qualquer pessoa. Uma pessoa que paga 25 centavos de dólar por um jornal matinal o faz porque o valor do jornal para ele é maior do que o valor dos 25 centavos. Mas o vendedor aceita os 25 centavos apenas porque essa quantia vale mais para ele do que o jornal. Se houvesse algo como um valor objetivo de um jornal, um desses operadores deve ser um idiota.

O mesmo vale para qualquer outra transação realizada no livre mercado, independentemente do que estiver sendo comprado ou vendido: sejam aparelhos de televisão ou soja no mercado futuro. A noção medieval de um "preço justo", discernível por observadores terceirizados, comete a mesma falácia fundamental que o "valor comparável" de hoje. A superficialidade das fórmulas pretensiosas utilizadas na determinação deste último é revelada quando as classificações relativas das mesmas ocupações diferem significativamente de uma jurisdição para outra. Não existe valor "real" para comparar, e a arbitrariedade do processo vem à tona sempre que diferentes indivíduos operam de forma independente e alcançam resultados diferentes.

Os problemas econômicos que podem surgir quando autoridades políticas ou burocráticas determinam a renda das pessoas podem ser sérios, mas não contam nem metade da história. Uma sociedade na qual algumas autoridades podem colocar milhões de seus semelhantes na balança, determinar seu valor e distribuir unilateralmente seus meios de subsistência como se fossem um presente do governo é um tipo de sociedade profundamente diferente daquela criada e mantida nos Estados Unidos da América durante mais de dois séculos. Como tantas vezes decorre, é possível criar uma impressionante desigualdade política em nome da igualdade econômica ou da equidade social.

Como acontece com tantas questões envolvendo igualdade, o estado de igualdade desejado propriamente dito não é o verdadeiro problema, principalmente porque tal estado de igualdade parece ter pouquíssima probabilidade de ser de fato alcançado. Fundamentais, aqui, são os *processos* desencadeados na esperança de se alcançar tal fim. Permitir que uma autoridade governamental qualquer determine quanto os indivíduos devem receber de outros indivíduos produz não apenas uma distorção dos processos econômicos ao minar incentivos à eficiência; constitui também, mais fundamentalmente, uma concentração monumental de poder político que reduz todos ao nível de clientes de políticos. Mesmo para além do que isso significa para a liberdade e dignidade humanas, isso torna praticamente inevitável uma luta constante e amarga entre todos os segmentos da sociedade pelo favor daqueles que exercem esse enorme poder maciço de determinar o bem-estar econômico de cada indivíduo. Trata-se assim de uma real fórmula para desastres econômicos, políticos e sociais. Tal poder levou, em vários países, a uma *nomenklatura*[79]

---

[79] Na antiga União Soviética, a *nomenklatura* consistia em um grupo de pessoas de uma determinada e arranjada elite dominante, tais pessoas – seja por influências econômicas, políticas ou familiares – recebiam postos influentes no governo e na indústria, essas pessoas eram apontadas pelo Partido Comunista como líderes do povo soviético. (N. E.)

cujos privilégios pessoais zombam dos ideais de igualdade que levaram a tal concentração de poder em busca de uma miragem.

É preciso também levantar uma questão sobre quão importante – e para quem – é virar do avesso todo o sistema econômico e político a fim de gerar números mais agradáveis aos observadores. Mesmo alguns defensores apaixonados da igualdade admitem que essa não é uma preocupação esmagadora do público em geral. O livro de referência de R. H. Tawney (1880-1962), *Equality*, condenou os "violentos contrastes" da desigualdade econômica na Inglaterra e as "acentuadas disparidades de circunstância e educação" provocadas por eles, bem como outros males sociais que ele percebeu – e, ainda assim, ele não viu nenhum movimento entre o populacho inglês em favor da igualdade. Pelo contrário, ele declarou que havia na Inglaterra um "culto à desigualdade como princípio e ideal", que a desigualdade era "reverenciada pela tradição e permeada por emoções piedosas", que mesmo os pobres tinham um "interesse ternamente melancólico pelas ações vazias das classes superiores"[80] em relação a quem eles, presumivelmente, deveriam se ressentir amargamente.

Mais recentemente, o professor Ronald Dworkin (1931-2013) afirmou que "uma sociedade mais igualitária é uma sociedade melhor, mesmo que os cidadãos prefiram a desigualdade"[81]. Trata-se, no mínimo, de uma admissão tácita de que questões de igualdade não despertam no público em geral a paixão que despertam entre a *intelligentsia*. Essa é uma das razões pelas quais grandes desigualdades de poder político devem ser criadas na busca pela igualdade econômica. Os únicos vencedores certos são aqueles que se enaltecem como árbitros dos destinos de milhões.

Quando "igualdade" promove desigualdade

O pressuposto casual de que a ideologia da igualdade teoricamente promove uma sociedade mais igualitária, na verdade, não apenas não é comprovado, mas é uma bomba-relógio social. Pode antes resultar em uma sociedade mais desigual e mais amargurada.

---

[80] TAWNEY, R. N. *Equality*. Londres: George Allen & Unwin, Ltd., 1931. p. 24, 25, 28, 29.
[81] DWORKIN, Ronald. *Taking Rights Seriously*. Cambridge, Mass.: Harvard University Press, 1980. p. 239. Edição brasileira: *Levando os direitos a sério*. São Paulo: WMF Martins Fontes, 2010. (N. E.)

Uma das formas de promover a ideologia da igualdade é negar a existência de várias desigualdades de desempenho. Assim, o relativismo cultural se recusa a classificar algumas sociedades como civilizadas e outras como atrasadas ou primitivas. Seja comparando nações ou subgrupos dentro das nações, os relativistas culturais proclamam que todas as culturas e subculturas são "igualmente válidas", com direito a "igual respeito", pois "celebramos a diversidade". Os imigrantes, por exemplo, são encorajados a continuar falando seus idiomas de origem e a preservar sua cultura, enquanto os negros americanos que falam "inglês negro" também são encorajados a continuar a fazê-lo.

Culturas têm consequências. Ignorar essas consequências enquanto se proclama a igualdade como um ideal autojustificado nada faz para beneficiar os menos afortunados; na verdade, tende a congelá-los em sua posição retrógrada enquanto o resto do mundo avança. A amarga ironia é que toda essa autoindulgência filosófica amplia a lacuna empírica em nome de estreitá-la. Os hispânicos que falam espanhol ganham menos do que os hispânicos que falam inglês. Países pobres que se apegam aos seus costumes permanecem pobres enquanto aqueles que aproveitam as coisas que produziram riqueza em outras partes tendem a enriquecer – o Japão é o exemplo clássico disso. Nenhuma nação estava mais dolorosamente consciente de ser tecnologicamente atrasada do que o Japão no século XIX. Foi isso que os estimulou a ultrapassar o Ocidente. Ter ignorado seu atraso teria sido condenar os japoneses à pobreza desnecessária e, assim, contribuir para uma desigualdade econômica no mundo ainda maior do que temos hoje.

Embora os filhos de pais abastados e bem-educados geralmente possam atingir altos padrões educacionais melhor do que os filhos dos pais menos favorecidos, rebaixar esses padrões ou descartá-los completamente em nome da igualdade provavelmente será prejudicial para os filhos dos pobres e carentes. Crianças de lares com pessoas instruídas, com dinheiro para comprar livros, computadores e outros acessórios de aprendizado, provavelmente adquirirão informações fundamentais e normas comportamentais em casa, mesmo que ambas sejam negligenciadas nas escolas. É para os menos favorecidos que a sala de aula da escola pública talvez seja o único lugar em que provavelmente terão acesso aos recursos intelectuais e sociais básicos para terem sucesso como adultos. Reduzir os padrões nas escolas públicas pode ocultar disparidades no momento, mas é praticamente certo que elas serão maiores na idade adulta, a um ponto em quem poucos podem reparar suas deficiências.

Uma consequência ainda mais mortal da busca pela igualdade é o desenvolvimento de uma atitude de "ausência de juízo de valor" em relação a crenças e comportamentos. Uma das lições sociais mais importantes dos pais aos seus filhos, nas gerações anteriores, era evitar pessoas com mau comportamento, nem mesmo dar-lhes ouvidos, por medo de fatalmente serem enganadas. Hoje, as escolas não só dedicam mais tempo a discussões em sala de aula sobre comportamento social, mas também o fazem sem julgar. Isso significa que as ideias de delinquentes e bandidos são colocadas no mesmo plano que as ideias de alunos criados nos mais rigorosos padrões morais. Não só esses últimos são expostos às ideias e experiências dos primeiros como também são expostos em um cenário em que sua rejeição aberta a tais ideias e experiências seria condenada pelo professor. Esse é apenas um dos muitos cenários em que todas as pessoas e todas as ideias deveriam ter "respeito igual" para não ameaçar a "autoestima" de ninguém.

A única maneira de ter "respeito igual" é separar respeito de comportamento e desempenho – ou seja, fazer com que a palavra "respeito" perca seu significado. Pode-se distribuir autoestima como o Mágico de Oz distribuiu substitutos para o coração, a coragem e o cérebro. Mas imprimir uma moeda promiscuamente destrói seu valor, e não há razão para duvidar que o mesmo princípio não se aplicaria à moeda do respeito. Na verdade, o caráter fraudulento de elaboradas simulações de respeito constitui um insulto adicional.

Em um mundo onde cada sociedade e cada civilização tomou intensamente emprestado traços e características de culturas de outras sociedades e outras civilizações, ninguém precisa voltar à estaca zero, descobrir o fogo e a roda por si mesmo quando alguém já o fez. Os europeus não precisaram continuar copiando pergaminhos manualmente depois que os chineses inventaram o papel e a impressão. A Malásia pôde se tornar o maior produtor de borracha do mundo depois de plantar sementes retiradas do Brasil. No entanto os promotores da "identidade" do respeito igual fariam com que cada grupo se isolasse no próprio canto, com a própria cultura insular, dessa forma, apresentando a todos um quadro estático de "diversidade", em vez do processo dinâmico de competição no qual o progresso da raça humana se baseia há milhares de anos.

Existe ainda outra maneira na qual a miragem da igualdade promove a desigualdade no mundo real. Cruzadas ideológicas em nome da igualdade promovem a inveja, cujas principais vítimas são os invejosos.

O ALTO CUSTO DA INVEJA

A inveja já foi considerada um dos sete pecados capitais, antes de se tornar uma das virtudes mais admiradas sob seu novo nome, "justiça social". Sob qualquer que seja o nome, ela tem custos e benefícios. Para alguns, a inveja pode funcionar como um estímulo para alcançar as conquistas ou recompensas de outros que, no momento, são mais afortunados. Isso pode acontecer no caso de indivíduos ou no caso de nações inteiras, como o Japão, cujo esforço de gerações para alcançar as nações ocidentais industrializadas alcançou sucesso no século XX. Por outro lado, a inveja também pode gerar conflitos sociais, cujas consequências incluem a possibilidade de a sociedade como um todo acabar em uma situação pior, tanto do ponto de vista material quanto psíquico, como resultado de atividades mutuamente frustrantes, entre elas violência de rua e guerra civil. Entre as nações, um esforço para militarmente alcançar "um lugar ao sol" pode terminar em desastre, como aconteceu com o Japão na Segunda Guerra Mundial e com a Alemanha nas duas guerras mundiais.

O primeiro tipo de inveja – a inveja mais ou menos natural e potencialmente benéfica que estimula o autodesenvolvimento e as realizações – cria poucos incentivos para que terceiros tentem mobilizá-la e aumentá-la em benefício próprio. É o segundo tipo de inveja, expresso em hostilidade contra os outros, que é útil para terceiros que seguem carreiras como políticos, ativistas de grupos ou ideólogos. É esse tipo de inveja que pode ter altos custos para a sociedade, em geral, e para os pobres, em especial. Não se trata apenas do fato de que os pobres possam sofrer psiquicamente por terem menos do que os outros e por serem encorajados a insistir na situação atual, em vez de se concentrar em melhorá-la. Os próprios termos da discussão os encorajam a atribuir sua posição menos privilegiada a barreiras sociais, quando não enredos políticos, e assim negligenciar os tipos de esforços e habilidades que são capazes de elevá-los a níveis econômicos e sociais mais elevados.

Grupos mais pobres

Para os membros geralmente menos afortunados da sociedade, os custos da inveja podem ser especialmente altos quando ela direciona mal suas concepções e energias. Onde os mais pobres carecem de capital humano – habilidades, educação, disciplina, prudência – uma das fontes das quais eles podem adquirir essas coisas são as pessoas mais prósperas que possuem maior quantidade dessas várias formas de virtudes. Isso pode acontecer diretamente, através do aprendizado, aconselhamento ou orientação formal, ou indiretamente, por meio da observação, reflexão e imitação. No entanto todas essas formas de sair da pobreza podem ser interrompidas por uma ideologia de inveja que atribui a maior prosperidade dos outros à "exploração" de pessoas iguais a elas, à opressão, ao preconceito ou a motivos indignos como "ganância", racismo e afins. A aquisição de virtudes, em geral, parece inútil sob a ótica dessa concepção; e, pior, aquisição de tal capital humano de indivíduos exploradores, gananciosos e racistas, especialmente desagradáveis.

Com frequência, membros de grupos raciais, étnicos ou de outros grupos sociais mais pobres podem adquirir o capital humano necessário com mais facilidade junto aos membros mais privilegiados de seus respectivos grupos do que de outros. No entanto a ideologia da inveja também pode fazer com que seus próprios membros mais bem-sucedidos sejam considerados "traidores" – e, portanto, inadequados como modelos ou fontes diretas de conselhos, habilidades ou de outra virtude. O que essa ideologia faz essencialmente é encastelar os menos afortunados em seu próprio canto, isolando-os de fontes potenciais de maior prosperidade. Para os mais afortunados, a resistência ou a rejeição a suas tentativas de ajudar os menos afortunados podem não passar de um aborrecimento passageiro; para as perspectivas dos menos afortunados, todavia, a incapacidade de adquirir o capital humano disponível pode ser literalmente fatal.

Sociedades inteiras podem continuar mergulhadas em uma pobreza desnecessária, não apenas porque visões invejosas criaram uma falsa explicação para sua pobreza, falsidade essa que as distrai de meios prontamente disponíveis de se tornarem mais prósperas. Mas também porque a inveja e o medo da inveja dentro dessas sociedades inibem o esforço individual e a inovação. Estudos realizados em várias sociedades pobres e primitivas em diversas partes do mundo mostram repetidamente os efeitos paralisantes de um medo generalizado de provocar inveja entre os vizinhos e parentes[82]. Muito antes do surgimento de teorias marxistas ou outras teorias de "exploração", povos primitivos implicitamente concebiam o mundo como um jogo de soma zero, no qual a boa sorte de alguns era a causa da má sorte de outros, fosse em termos econômicos ou em termos de saúde, amor ou outros benefícios.

---

[82] SCHOECK, Helmut. *Envy:* A Theory of Social Behaviour. Indianapolis: Liberty Press, 1987, Capítulo 4.

A cooperação e a confiança mútua necessárias para muitos tipos de empreendimentos conjuntos são mais difíceis de se alcançar dentro desse universo cultural invejoso, por mais que tais coisas possam ser tomadas como certas em sociedades mais afortunadas. A mera transferência de capital ou tecnologia dessas sociedades mais afortunadas raramente basta para superar as desvantagens culturais de uma sociedade devastada pela inveja, em especial quando as crenças tradicionais são reforçadas por versões modernas e mais sofisticadas da visão de inveja difundida pela *intelligentsia* do Terceiro Mundo – muitas vezes apoiada pela *intelligentsia* em países mais afortunados.

O cão na manjedoura

A última palavra em inveja é a história do cão na manjedoura. Em uma das fábulas de Esopo, um cavalo quer comer um pouco de feno na sua manjedoura, mas há um cão deitado sobre o monte de feno. Embora o cão não coma palha, ele se recusa a se levantar e deixar o cavalo comer simplesmente porque inveja ao cavalo o prazer de comer o feno. O fato de essa fábula ter sobrevivido por milhares de anos sugere que tais atitudes não são desconhecidas entre os seres humanos.

Após a Primeira Guerra Mundial, a Romênia adquiriu território das potências centrais derrotadas, e esses territórios incluíam universidades culturalmente alemãs ou culturalmente húngaras. Naquele momento, cerca de três quartos de todos os romenos ainda eram analfabetos, de modo que os alemães e húngaros dessas universidades não impediam a maioria dos romenos de obterem uma educação superior. No entanto o governo definiu como prioridade forçar a saída de alemães e húngaros dessas universidades. Além disso, quando estudantes de etnia húngara na Romênia começaram a ir para as universidades na Hungria, o governo romeno os proibiu de fazê-lo.

Atitudes como a do cão na fábula de Esopo não são peculiares a um determinado país, raça ou civilização. Quando a Nigéria conquistou a independência em 1960, muitos dos funcionários públicos, profissionais e empresários do Norte do país vinham de tribos do Sul. Uma das principais prioridades dos líderes políticos do Norte era forçar os sulistas a deixarem esses cargos. Devido às enormes disparidades na educação, nos níveis de habilidades e no espírito empreendedor entre as duas regiões do país, não havia esperança realista de substituir os sulistas por nortistas em tempo hábil. Mas os líderes políticos do Norte estavam preparados para contratar expatriados europeus nesse ínterim, ou sofrer um declínio nos serviços que antes eram prestados pelos sulistas, mas não para sofrer um golpe no ego de serem tão dramaticamente superados por seus compatriotas africanos.

Atitudes semelhantes existiam do outro lado do mundo, na Malásia, onde políticas discriminatórias contra a minoria chinesa, mais instruída, qualificada e empreendedora, levaram muitos chineses a deixarem o país. O mesmo se deu no Pacífico Sul, onde a discriminação do governo de Fiji contra a minoria indiana, mais instruída, hábil e empreendedora, fez com que muitos indianos emigrassem.

As atitudes do tipo "cão na manjedoura" não se limitam às situações em que existem diferenças étnicas. As políticas fiscais, muitas vezes, são moldadas pelo desejo de "sugar os ricos", independentemente de serem benéficas ou não para a economia em geral ou mesmo para as receitas fiscais do governo. Uma das políticas mais amargamente ressentidas do governo Reagan foi a redução de impostos conhecida como "redução de impostos para os ricos", embora (1) as alíquotas em geral tenham sido cortadas, (2) as receitas fiscais do governo tenham aumentado depois que os impostos foram reduzidos e a renda aumentou, e (3) as faixas de renda mais altas passaram a pagar não só mais impostos totais do que antes, mas também um percentual maior de todos os impostos. O que era intolerável para os críticos era que "os ricos" pudessem arcar com quantias maiores em impostos como uma porcentagem menor de sua renda crescente. Os impostos imobiliários são um exemplo ainda mais claro de atitudes no estilo cão na manjedoura, pois constituem uma proporção trivial do total de impostos recolhidos pelo governo e é questionável se esses impostos excedem os custos de arrecadação e conformidade. Mas eles servem ao propósito político de desferir um golpe na riqueza herdada.

O cão na manjedoura foi elevado ao nível de filosofia acadêmica em *Uma Teoria da Justiça* de John Rawls, onde políticas que deixam a sociedade em geral em melhor situação seriam rejeitadas se também não fizessem o mesmo pelos membros mais pobres da sociedade[83]. Em outras palavras, não importa o quanto uma determinada política pudesse melhorar a situação de milhões e milhões de pessoas, se em qualquer pequena fração de pessoas na base, por menor que fosse, não houvesse uma correspondência igualitária de melhoria ante os outros milhões, essa minoria teria poder de veto sobre essa política.

---

[83] RAWLS, John. *A Theory of Justice*. Cambridge, Mass.: Harvard University Press, 1971. p. 78.

Mesmo que os que estão na base não ficassem *em situação pior*, ninguém mais poderia melhorar de vida sem a participação deles. Esse é um princípio particularmente marcante onde existem baixas taxas de desemprego e muitas vias de ascensão social, segundo o qual aqueles que não optam por aproveitar essas oportunidades acabam tendo seus interesses impedidos por serem considerados contrários aos interesses da grande maioria das pessoas que o fazem.

Esses exemplos são apenas ilustrações específicas de um conjunto mais geral de atitudes que exaltam a inveja e raramente levam em conta o custo de fazê-lo. Nesses custos incluem-se crimes de inveja, nos quais a finalidade não é adquirir os bens de outra pessoa nem vingar uma perda pessoal, mas simplesmente atacar a "injusta" boa sorte de outrem[84]. Esses crimes de "cão na manjedoura" costumam ser considerados sem sentido ou irracionais, mas são corolários lógicos da busca pela justiça cósmica.

Mesmo os intelectuais que, muitas vezes, atribuem culpa coletiva por ações individuais em outros contextos – culpando a sociedade americana pelo assassinato do presidente John F. Kennedy, por exemplo – raramente atribuem qualquer parte da culpa por crimes de inveja a quem, como eles próprios, a promovem.

Tomadores de decisão

A sociedade como um todo pode perder oportunidades quando pessoas em várias funções de tomada de decisão têm suas decisões influenciadas pela inveja. Por exemplo, uma ex-funcionária da área de admissões de uma faculdade da Ivy League alertou os candidatos em potencial a não revelarem nada que pudesse expor seus privilégios educacionais ou econômicos, pois isso tenderia a influenciar os funcionários de admissão contra eles. Ela, por exemplo, aconselhou:

> A melhor coisa que você pode fazer, se vem de ambiente privilegiado, é não o enfatizar da melhor maneira que puder. Por exemplo, se você e sua família tiraram umas férias de dez mil dólares, indo para a África para fazer um safari, provavelmente seria melhor não escrever a respeito disso na sua

---

[84] Vide, por exemplo, SCHOECK, Helmut. *Envy*, Capítulo 8.

inscrição... Isso pode cair mal com o pessoal da admissão, já que a maioria não tem dinheiro nem recursos para fazer uma viagem tão exótica[85].

Uma vez que a razão maior para a existência de comitês de admissão é selecionar os candidatos mais capazes de fazer uso de oportunidades educacionais caras, a inveja aqui serve para minar esse objetivo quando os preconceitos dos responsáveis pelas decisões são inflamados contra estudantes que, de outra forma, seriam considerados por suas qualificações. Tampouco isso é algo restrito aos comitês de admissão das faculdades.

Raciocínio semelhante tem promovido políticas educacionais que buscam criar resultados mais iguais para alunos da "educação especial", que apresentam deficiências mentais, físicas ou psicológicas – mais uma vez, com pouca ou nenhuma consideração pelos custos financeiros disso para os contribuintes ou os custos educacionais para outras crianças em cujas salas de aula eles devem ser "integrados", muitas vezes, com pouca preocupação com os efeitos perturbadores de suas necessidades. Esses custos financeiros podem ser várias vezes maiores do que o custo para educar um aluno médio, enquanto os resultados educacionais para um aluno com um grave retardo mental possam ser imperceptíveis. O custo educacional também pode incluir uma parte substancial do tempo de um professor dedicado a um ou alguns alunos em detrimento da maioria. No entanto, claramente, é uma injustiça, de uma perspectiva cósmica, que as mentes e psiques de alguns sejam incapazes de lidar, rotineiramente, com o que os alunos comuns lidam. Porém, assim como alguns alunos apresentam deficiências sem ter culpa alguma disso, outras crianças também podem sofrer com as políticas de integração também sem ter culpa alguma.

É também cosmicamente injusto que alguns alunos tenham nascido tão brilhantes e/ou tenham sido criados em ambientes tão extraordinariamente favoráveis que sejam capazes de alcançar níveis muito mais altos de realização intelectual do que outras crianças da sua idade. Um desses alunos conseguiu, na quarta série, pontuar mais alto do que o graduado médio do ensino médio na parte de matemática do Teste de Aptidão Escolar. No entanto a sugestão de que ele recebesse uma formação em níveis mais altos de matemática do que seus colegas foi rejeitada pelo diretor da escola e esse jovem recebeu aulas do mesmo nível que seus colegas da quarta série, sob a alegação

---

[85] HERNANDEZ, Michele A. *A Is for Admission: The Insider's Guide to Getting into the Ivy League and Other Top Colleges.* Nova York: Warner Books, 1997. p. 17-188. Vide também p. 3, 6, 7, 9, 50, 120.

de que seria "uma violação da justiça social" se ele tivesse níveis mais altos de instrução matemática[86].

Nem esse diretor foi o único. Um membro de uma comissão nacional de ensino de matemática se opôs a ensinar habilidades computacionais porque isso significa "ungir os poucos" que rapidamente dominam essas habilidades e "deixar de fora os muitos" que não o fazem, pedindo que nos desfizéssemos dos "grilhões discriminatórios dos algoritmos computacionais"[87]. De um modo geral, o agrupamento de habilidades em turmas diferentes ou em escolas diferentes é duramente combatido pela maioria dos funcionários das escolas públicas por motivos semelhantes. Em suma, tanto os mentalmente talentosos quanto os mentalmente retardados devem ser "integrados" como parte da busca pela justiça cósmica – com pouca ou nenhuma consideração pelos custos disso para os estudantes, os contribuintes ou a sociedade para a qual irão como adultos logo mais.

Desconsiderar os efeitos sobre terceiros também é comum em áreas como impostos, mecanismos de controle de preços e aplicação da lei. As questões tributárias não se restringem apenas sobre se uma classe paga mais impostos do que a outra; tratam também das repercussões de determinados tipos de impostos sobre o desenvolvimento econômico e o emprego em âmbito nacional, questões que nos afetam a todos. Os controles de preços dos alimentos, muitas vezes, levaram à fome e à desnutrição generalizadas, pois os fornecedores reduziram sua produção e venda de alimentos quando isso se tornou não lucrativo. Prejudicar a aplicação da lei por causa da sua aparente injustiça para com os pobres levou ao aumento dos índices de criminalidade, prejudicando-os ainda mais.

A inveja pode fazer com que muitas questões sejam vistas em termos de transferência de benefícios de **A** para **B**. Mas as políticas assim concebidas como transferências não transferem, simplesmente. Elas mudam o comportamento em geral e de maneiras fundamentais. Por exemplo, os controles de preços, quase invariavelmente, levam à queda na quantidade e qualidade do que é oferecido, ao entesouramento e a mercados negros – independentemente de o preço que está sendo controlado seja de alimentos, habitação, gasolina, serviços médicos ou outros bens e serviços.

---

[86] BENBOW, Camilla Person; STANLEY, Julian C.. Inequity in Equity: How 'Equity' Can Lead to Inequity for High-Potential Students. *Psychology, Public Policy & Law*, v. 2, n. 2, June 1996, p. 272.
[87] Citado em CHENEY, Lynne V. A Failing Grade far Clinton's National Standards. *Wall Street Journal*, Sep. 29, 1997, p. A12.

A questão aqui não é simplesmente que leis e políticas específicas tenham sido contraproducentes. A questão mais fundamental é que a concepção injusta de formulação de políticas geradas pela inveja é muitas vezes mortal em seus efeitos gerais sobre a sociedade como um todo.

Autoridade e diferenciação

Uma das consequências mais impensadas e perigosas da busca pela miragem da igualdade e a inveja que a acompanha é uma reação generalizada contra todas as formas de autoridade ou mesmo de diferenciação social. Entende-se, aqui, por autoridade a capacidade de levar os outros a fazerem coisas sem forçá-los ou convencê-los. O exemplo clássico seria um médico que prescreve ao paciente uma medicação, com base em princípios químicos, biológicos e médicos, da qual o enfermo nunca ouviu falar. O paciente simplesmente confia na autoridade do médico. Muito do que os filhos fazem também se baseia na autoridade dos seus pais. Aprendem o alfabeto porque os pais querem, não pelas enormes implicações do aprendizado desses 26 símbolos específicos em uma ordem definida arbitrariamente.

A mera classificação de pessoas por denominações como "senhor" e "senhorita", e a diferenciação das pessoas ao se fazer com que os adultos se dirijam às crianças de uma maneira, e as crianças aos adultos de outra, são repugnantes para muitos dos que buscam a miragem dessa igualdade ideologizada. A prática de tratar todos – amigos e estranhos, jovens e velhos – pelo primeiro nome é um dos sintomas dessa mentalidade. Muito mais grave é o enfraquecimento sistemático da autoridade parental que pode ser encontrado nos livros das escolas públicas e outros materiais que retratam diversos tipos de questões morais e intelectuais como coisas que cada pessoa deve decidir por si mesma, não de acordo com o que lhes foi ensinado pelos pais ou por uma sempre suspeita "sociedade".

Seria difícil imaginar uma aposta mais imprudente do que encorajar jovens, com menos de uma década de experiência nos aspectos mais elementares da vida, a substituir princípios destilados de experiências de milhões de adultos, ao longo de gerações, por essa experiência estreitamente circunscrita, e seus próprios processos de raciocínio ainda pouco desenvolvidos, por aqueles princípios destilados de belas experiências de milhões de adultos ao longo de eras. A própria segurança pessoal da criança muitas vezes está em jogo quando esse busca responder ao tom imperativo de um pai, em situações em que não há tempo para explicações – ou nas quais a criança ainda não tem experiência suficiente para entender tal explicação.

A diferenciação verbal que lembra, a cada um, de seus próprios papéis – chamando as pessoas de "mãe" e "pai", e não por seus primeiros nomes – ou a diferenciação em vestuário, nos modos ou em outros aspectos, são todos métodos para o estabelecimento de uma hierarquia social que serve a propósitos sociais. Entretanto aqueles para quem a igualdade é um imperativo moral exagerado enxergam em tudo isso apenas privilégio e opressão pessoais. A autoridade, porém, pode servir mais para aqueles que não têm do que para aqueles que têm. O pai que entende as razões subjacentes para as coisas que diz a um filho é menos beneficiado pela autoridade do que a criança que não entende essas realidades – e que, de todo modo, precisa respeitar as precauções e aplicar as regras. O conhecimento especializado do cientista, do médico ou do comandante militar também é usado principalmente para orientar as ações de outros que não possuem esses conhecimentos e que estariam em situação muito pior se vivessem na ignorância. A autoridade é uma das formas de usar o conhecimento de alguns em benefício de outros.

Como tudo o que é humano, a autoridade é imperfeita e sujeita a abusos, por isso não pode ser ilimitada – e não é. Mas invocar o slogan "Questione a autoridade" é levantar uma questão importante: com qual autoridade você nos diz para questionar a autoridade? Para que a autoridade exista, deve ter existido algum processo anterior pelo qual determinadas pessoas passaram a ser consideradas guias mais confiáveis do que outras. No entanto não existe um processo comparável por meio do qual outros venham a ser qualificados a proclamar o dogma "Questione a autoridade". Por que nosso ceticismo deveria recair naqueles que já passaram por algum processo de teste e de eliminação, e nossa confiança deve ser dada àqueles que não passaram por nada disso?

A autoridade é apenas uma forma de diferenciação social. Mesmo entre pessoas do mesmo plano social, várias formas de tratamento indicam diferentes níveis de familiaridade ou intimidade, ou diferentes níveis de leveza ou seriedade a partir de um determinado momento. Todas essas coisas implicam que o contexto social importa, ou seja, que não podemos interagir de forma atomística e *ad hoc*[88], sem grandes custos e até perigos. Assim, a mesma pessoa pode ser "Seu Siqueira", "Henrique", "Papai", "Tenente Siqueira",

---

[88] De forma isolada, de maneira arbitrária para um fim específico. (N. E.)

"Canhoto" ou "querido" em contextos diferentes. Lembretes da posição que ocupamos em relação aos outros nada mais são do que admissões de que não podemos fazer tudo na vida de improviso, sem correr o risco de gerar desarmonia com os outros. Sem esses auxílios verbais, todos se tornam piores, e os mais vulneráveis correm o maior risco quando a miragem da igualdade elimina tal diferenciação.

Uma das diferenciações sociais mais importantes tornou-se agora ultrapassada e desprezada – a distinção entre os pobres respeitáveis e os pobres com má reputação. Houve um momento em que os pobres puderam se orgulhar de sua independência e autossuficiência, mesmo estando em um nível econômico e social abaixo da classe média. Os pobres respeitáveis tinham a seu favor as normas da sociedade e o mau exemplo dos pobres de má reputação como advertências na criação dos filhos como futuros adultos respeitáveis. De fato, os filhos dos pobres de má reputação sabiam que seus vizinhos respeitáveis tinham melhor reputação, o que servia de incentivo para que alguns deles tentassem sair de sua posição na base da escala social.

O estado de bem-estar social, no entanto, fez com que muitos dos pobres respeitáveis e autossustentáveis parecessem estúpidos, pois o governo esbanjou inúmeros programas com indivíduos que violaram todas as leis e se recusaram a assumir a responsabilidade por si mesmos. Agora os incentivos se inverteram, levando alguns dos pobres respeitáveis a cair na tentação de tirar proveito dos benefícios disponíveis para aqueles que podem viver sem trabalhar, sem economizar para o futuro ou mesmo sequer pagar por um teto sobre a própria cabeça.

A insaciabilidade da inveja

A inveja é insaciável em pelo menos dois sentidos diferentes:

1. Nenhuma redistribuição concebível de renda, riqueza ou outros benefícios satisfará a todos; assim, não há um ponto de interrupção lógico ou político no processo. Portanto, a questão não é qual distribuição específica é melhor ou é *a* melhor, mas se os benefícios de iniciar uma busca interminável oferecem mais potencial para o bem ou para o mal.
2. Não há uma ordem única e definitiva de classificação das inúmeras vantagens e desvantagens que indivíduos e grupos possam ter simultaneamente.

Assim, *A* pode invejar *B* por causa das vantagens do último, enquanto *B* inveja *A* por causa das vantagens do primeiro.

Mesmo no caso mais simples, quando ambas as partes percebem que **A** tem vantagens práticas sobre **B**, nem sempre a compensação é possível, independentemente de ser provável, ou suscetível de ser concedida por **A**. Como afirmou um estudo da inveja:

> Quanto mais se tenta privar o homem invejoso da razão ostensiva de inveja, dando-lhe presentes e fazendo-lhe boas ações, mais se demonstra a superioridade e se enfatiza quão pouco os presentes irão fazer-lhe falta. Mesmo que alguém se despojasse de todas as suas posses, tal demonstração de bondade ainda humilharia o invejoso, de modo que sua inveja seria transferida de seus pertences da pessoa para o caráter dela. E se alguém o elevasse ao seu próprio nível, essa igualdade artificialmente estabelecida não o deixaria nem um pouco feliz. Ele voltaria a invejar, primeiramente, o caráter do benfeitor, em seguida, a lembrança retida pelo benfeitor durante este período de sua antiga superioridade material[89].

As dificuldades de satisfazer a inveja mesmo nessas condições simples e extremas aumentam exponencialmente quando não há uma maneira inequívoca de dizer que **A** é melhor do que **B** em qualquer dimensão que cada um valorize. Muitas famílias, por exemplo, estão acostumadas com a situação em que cada filho pensa que um irmão está sendo melhor tratado pelos pais; um filho sente inveja e ressentimento do outro ou dos outros. Nem um observador objetivo, se puder ser encontrado, necessariamente pode estar em condições de declarar quem tem a vantagem prática quando uma pessoa é mais afortunada do que outra de acordo com uma série de características e posses, e a outra é mais afortunada de acordo com outra série de características e posses. Além disso, mesmo nos casos em que esse observador objetivo considera **A** claramente melhor do que **B**, não se segue que nem **A** nem **B** irão valorizar e pesar as vantagens e desvantagens específicas da mesma maneira que esse observador, muito menos da mesma forma que o outro faria.

A pergunta fundamental aqui não é se reduzir ou eliminar a inveja é um objetivo desejável, assim como também não é questionar se a justiça

---

[89] SCHOECK, Helmut. *Envy*, p. 28.

cósmica é desejável. Em ambos os casos, a pergunta é: qual é o *custo* de promover esse objetivo? Na medida em que se tenta reduzir a inveja por meios puramente intelectuais, como mostrar o quão ilógica ou contraproducente a inveja pode ser, os custos são pequenos e os resultados provavelmente também serão pequenos nessa mesma medida. Uma maneira mais comum e mais onerosa de tentar lidar com a inveja é buscar apoio político para políticas que reduzam as disparidades que a promovem. No entanto, em uma sociedade democrática, esse esforço deve assumir a forma da denúncia pública dessas disparidades, como um prelúdio para buscar políticas que possam reduzi-las. Isso significa que essa abordagem promove a inveja na esperança de, em última instância, minorá-la. Um custo dessa preocupação invejosa que já se tornou um sinal chocante de nossos tempos é a morte de jovens por outros jovens pela posse de roupas de grife, bugigangas de prestígio ou outros emblemas de desigualdade. A inveja não é barata, e seus custos não se limitam a bens materiais.

LIBERDADE *VERSUS* IGUALDADE

Praticamente ninguém questiona seriamente o princípio de igual consideração pelos seres humanos como seres humanos. Nenhuma mãe ama menos seu bebê por reconhecer que ele não tem a mesma capacidade de um adulto. Todos podemos concordar a respeito da igualdade perante a lei, e as pessoas religiosas podem concordar que somos todos iguais aos olhos de Deus. É o passo fatal de igual consideração para igual desempenho – ou presumivelmente de igual desempenho na ausência de barreiras sociais – que abre a porta para o desastre.

Não podemos ser todos iguais como bailarinos se alguns vêm de um contexto cultural onde o balé é altamente valorizado e outros vêm de um contexto em que só o mero pensamento de alguém se tornar um bailarino é improvável que ocorra. *Mesmo deixando de fora as questões de habilidade,* ainda não podemos ter o mesmo desempenho se não estivermos igualmente interessados nos mesmos tipos de desempenho. Não se pode esperar que as mulheres tenham a mesma renda que os homens se o desejo feminino de ter filhos e de cuidar deles restringe suas escolhas profissionais e a continuidade em determinadas carreiras. Entre as evidências de que é assim está o fato de que as mulheres que nunca se casaram e que trabalharam continuamente desde o ensino médio ganhavam mais do que os homens com essas mesmas características há mais de 20 anos, antes que a "igualdade de gênero" se tornasse uma grande questão jurídica.

Uma das maneiras pelas quais o dogma da igualdade de desempenho é uma ameaça à liberdade está na necessidade de se encontrar vilões e maquinações sinistras para explicar por que o mundo real é tão diferente do mundo de sua visão. Os tribunais condenam as pessoas por discriminação porque a distribuição uniforme ou aleatória de pessoas encontradas na teoria não pode ser encontrada de fato. A própria noção de condenar a teoria – ou mesmo testá-la com evidências – parece impensável. Se há menos mulheres do que homens cursando engenharia, assume-se automaticamente como evidência que as faculdades de engenharia discriminam as mulheres. O fato de este ou aquele grupo racial ou étnico ser "sub-representado" aqui ou acolá é considerado praticamente uma prova de racismo.

Paranoia e liberdade são uma combinação improvável e instável. Se prevalecer a paranoia, o direito de ser considerado inocente até que se prove o contrário não pode sobreviver – e não sobrevive nas leis antidiscriminatórias contemporâneas, sem mencionar nas leis e políticas sobre assédio sexual ou abuso infantil. Paranoia semelhante nas leis antitruste precedeu, em décadas, as preocupações atuais sobre a discriminação de grupos, e, igualmente, destruiu a presunção de inocência da mesma forma: estatísticas desiguais criaram uma "presunção refutável" que, na prática, muitas vezes, se mostrava quase impossível de refutar, independentemente de qual pudesse ser a verdade.

Todo um universo mental já foi criado para explicar a desigualdade, como se a igualdade fosse tão natural e inevitável que sua ausência só pudesse ser explicada por esforços generalizados e conspiratórios contra ela. Assim, suspeita-se de todos os padrões de comportamento e desempenho como meras farsas projetadas para garantir as vantagens contínuas dos que têm sobre os que não têm. Até os esforços para ajudar os menos afortunados a adquirirem os pré-requisitos comportamentais da produtividade são frequentemente condenados como imperialismo cultural enquanto o fracasso dos menos afortunados em colher os frutos da produtividade também é condenado como culpa da "sociedade".

Criou-se, então, um mundo em que o sucesso dos outros é um uma ofensa, não um exemplo. Por mais irracionais que essas leniências ideológicas possam ser, elas são virtualmente inevitáveis quando a igualdade se torna a pedra angular social, pois a igualdade só pode ser alcançada separando o desempenho da recompensa ou gerando desempenhos iguais. Uma vez que este último é praticamente impossível, mesmo porque nem todos estão igualmente interessados nos mesmos tipos de desempenho, a paixão pela igualdade leva a um divórcio entre desempenho e recompensa – ou seja, um divórcio entre incentivo e comportamento, e até mesmo um divórcio entre causa e efeito em nossas mentes.

Há um limite na divergência entre teorias predominantes e realidade intratável às quais uma sociedade pode sobreviver. No entanto é improvável que as teorias da igualdade sejam reexaminadas – ou examinadas pela primeira vez – quando servem de alicerce para a sensação inebriante de ser moralmente superior a uma "sociedade" incivilizada. A demonização daqueles que não compartilham os pressupostos sociais predominantes e as paixões ideológicas entre a *intelligentsia* tornou praticamente impossível discutir uma crescente gama de questões. Por exemplo, aqueles que acreditam em processos sistêmicos – o mercado, os valores tradicionais, o direito constitucional – projetados para transmitir os desejos e preferências de muitos, em lugar das visões especiais de poucos, são suspeitos, acusados ou definidos como porta-vozes do privilégio econômico para impedir a conquista política da igualdade.

Tais visões de bicho-papão do universo social desconsideram absolutamente fatos como a crença generalizada na igualdade intrínseca das pessoas entre as principais figuras das tradições que costumam ser identificadas como "conservadoras"[90]. Apesar de suas próprias declarações claras e inequívocas, aqueles que se opõem a grandes esquemas de igualdade politicamente imposta são retratados como se opondo à própria igualdade e apologistas do privilégio. O fato de os defensores de tais esquemas grandiosos serem tão pouco constrangidos pela realidade, ou por qualquer necessidade de apurar os fatos, e, assim, tão dispostos a fazê-lo povoar o mundo de sua mente com demônios é um sintoma de uma imprudência maior, com maiores perigos para toda a sociedade.

O fundamental aqui não é simplesmente que os apóstolos da igualdade politicamente imposta desejem ver um certo tipo de mundo, mas que eles sejam indiferentes ao que seus esforços estão fazendo com o mundo real ao seu redor. De fato, seus pressupostos de superioridade moral, e o exibicionismo

---

[90] Vide, por exemplo, SOWELL, Thomas. *A Conflict of Visions*. Nova York: William Morrow, 1987, Capítulo 6. Edição brasileira: *Conflito de Visões. Origens Ideológicas das Lutas Políticas*. São Paulo: É realizações, 2011. (N. E.)

moral que tantas vezes acompanha esses pressupostos, tornam a reconsideração à luz das evidências um processo particularmente doloroso, com proporcionalmente menos probabilidade de engajamento. As ineficiências econômicas e a paralisação do sistema educacional por meio da paixão por recompensas iguais sem resultados iguais são apenas alguns dos custos dessa abordagem. As relações venenosas entre as raças e os sexos, ou entre aqueles que apenas discordam filosoficamente, são outros custos elevados dessa cruzada. As divergências internas e a desmoralização desempenharam um papel crucial no declínio e queda de outras civilizações, e não há razão para esperar que a nossa seja imune.

[CAPÍTULO 3]

Capítulo 3
A tirania das visões

Lênin cercou-se de publicações oficiais, livros de história e de economia. Não fez esforço algum para se informar diretamente sobre as opiniões e condições das massas... Jamais visitou uma fábrica ou colocou os pés numa fazenda. Não se interessava pela forma na qual a riqueza era criada. Nunca foi visto nos bairros da classe trabalhadora das cidades em que residiu.

— Paul Johnson

Vladimir Ilyich Ulianov (1870-1924) – mais conhecido como Lênin – representou um dos exemplos mais genuínos de um homem que operava com base em uma visão e suas categorias, visão essa que suplantava o mundo dos seres humanos de carne e osso ou as realidades nas quais viviam. A natureza do mundo para além da visão importava apenas do ponto de vista tático ou estratégico, como uma maneira de realizar essa visão.

Lênin, Hitler e Mao foram os exemplos mais proeminentes de líderes do século XX que tentaram ajustar pessoas a visões, mesmo quando isso acarretava a morte de milhões de seres humanos. A preocupação de Lênin com as visões ficou demonstrada não apenas em sua incapacidade de se inserir no mundo da classe trabalhadora, em nome de quem falava, mas também em sua incapacidade de pisar na Ásia Central Soviética – uma enorme região, maior que a Europa Ocidental, na qual os esquemas doutrinários e devastadores de

Lênin e seus sucessores seriam impostos pela força durante quase três quartos de século.

As visões não são inerentemente dogmáticas. A visão do universo de Einstein era, pelo menos, tão revolucionária na ciência quanto a de Lênin na política. No entanto Einstein insistiu desde o início que a teoria da relatividade teria que ser verificada por fatos observáveis, antes que pudesse ser aceita – e assim ela foi, por cientistas de todo o mundo, inclusive por cientistas inicialmente céticos, mas que se convenceram pelas evidências de seus próprios experimentos.

Quanto mais abrangente a visão – quanto mais ela parece explicar, e quanto mais emocionalmente satisfatória for sua explicação –, mais razão existe para seus adeptos a protegerem dos "caprichos" dos fatos. As visões cósmicas são mais propensas a serem assim apreciadas dessa maneira, sejam elas visões que explicam a sociedade e a história pela superioridade racial (como no caso de Hitler) ou pela luta de classes (Marx, Lênin) ou por alguma outra simplicidade grandiosa, cósmica em seu escopo. As visões da justiça cósmica constituem apenas uma variedade de visões cósmicas. A visão cósmica de Hitler era muito diferente de qualquer coisa concebida por John Rawls.

Visões cósmicas da sociedade não são apenas visões sobre a sociedade. São visões sobre as pessoas que as sustentam e sobre o papel que elas desempenham na sociedade, sejam tais pessoas consideradas líderes de uma raça superior, a vanguarda do proletariado, os salvadores do planeta, ou que tenham algum outro papel igualmente presunçoso como grupo visionário ungido "que faz a diferença" no desenrolar da história. Visões cósmicas inebriantes nos dão essa sensação de sermos um dos visionários ungidos que mantém um controle em desrespeito ou desafio aos fatos. Isso se torna dolorosamente aparente, tanto para as visões de guerra e paz quanto para as visões sociais.

VISÕES DE GUERRA E PAZ

Existem duas teorias diametralmente opostas sobre a melhor maneira de se prevenir a guerra. Uma delas é a da dissuasão militar, que envolve a aquisição de armas e aliados e se baseia em despertar o público para os perigos impostos por nações agressoras. A outra é a de que acordos de desarmamento e pactos de paz mútua entre possíveis inimigos, juntamente a uma desescalada da retórica hostil, é o caminho para evitar a guerra.

Will Rogers (1879-1935) nos oferece uma explicação sucinta da teoria da dissuasão:

> É melhor começarmos a tomar providências a respeito das nossas defesas. Não teremos a sorte de lutar contra um país da América Central para sempre. Construir tudo o que pudermos e cuidar de nada além do que é de nossa própria conta, e nunca teremos que usá-las. Nosso campeão mundial de peso pesado não foi insultado desde que ganhou o título[91].

Os adeptos da teoria da dissuasão não desenvolvem nenhum senso de superioridade moral, mesmo aos seus próprios olhos, embora obviamente considerem seu método de preservação da paz mais eficiente na prática. Por outro lado, os adeptos da teoria oposta – do desarmamento – não só consideram seu próprio método de preservar a paz mais efetivo como também a sua noção de superioridade moral fica mais evidente quando se declaram "contra a guerra", parte do "movimento pela paz", e usam outros termos que sugerem fortemente que as diferenças entre eles e aqueles com visões opostas se devem ao fato de que eles se dedicam à paz, enquanto os outros são beligerantes ou não estão tão comprometidos com a paz como eles próprios, talvez até porta-vozes venais da indústria bélica.

Como disse o editor progressista Oswald Garrison Villard (1872-1949), na década de 1930, a oposição ao desarmamento era uma questão de "militarismo, apoiado por todos os ricos e privilegiados, por todos os adversários de um mundo novo e melhor"[92]. O historiador Charles A. Beard (1874-1948) foi um dos muitos que descreveram o rearmamento como uma manobra da indústria bélica, refletindo "os interesses da cobiça" entre os "fabricantes de placas de blindagem" ou "fabricantes de munições" e afins[93]. Bertrand Russell (1872-1970) afirmou em 1936 que "um interesse sinistro ajuda a fabricar sentimentos bélicos, bem como munições"[94]. John Dewey (1859-1952) também falou das "armas e munições pelas quais os mercadores da morte engordam e incham"[95].

---

[91] ROGERS, Will. On Preparedness. In: STERLING, Bryan B.; STERLING, Frances N. *A Will Rogers Treasury.* Nova York: Crown Publishers, Inc., 1982. p. 113.
[92] VILLARD, Oswald Garrison. Issues and Men: Vested Interests. *The Nation,* Jan. 16, 1935, p. 63.
[93] BEARD, Charles A. The Big Navy Boys. *New Republic,* Jan. 20, 1932, p. 158.
[94] RUSSELL, Bertrand. *Which Way to Peace?* Londres: Michael Joseph, Ltd., 1936. p. 199.
[95] Citado em HOWLETT, Charles F. *Roubled Philosopher.* John Dewey and the Struggle for World Peace. Port Washington, N.Y.: Kennikat Press, 1977. p. 134.

Em outras palavras, até onde dizia respeito aos defensores do desarmamento, não havia sequer uma discordância sincera quanto à melhor maneira de preservar a paz. Ao longo do período posterior da Guerra Fria, Bertrand Russell voltou aos mesmos temas, referindo-se àqueles que apoiavam políticas de dissuasão nuclear como pessoas que "pertencem ao clube dos assassinos". Ele descreveu o primeiro-ministro britânico Harold Macmillan (1894-1986) e o presidente americano John F. Kennedy (1917- 1963) como "as pessoas mais perversas que já viveram na história humana" e como "cinquenta vezes mais perversas que Hitler", porque ele via a promoção da dissuasão nuclear como "a organização do massacre de toda a humanidade"[96].

Embora esse ar de superioridade moral tenha sido um elemento consistente na abordagem do desarmamento à preservação da paz, não desempenhou tal papel entre os adeptos da abordagem de dissuasão militar. O maior apóstolo da dissuasão militar durante a década de 1930, Winston Churchill (1874-1965), disse mais tarde, em um tributo ao homem cuja política externa ele criticara tantas vezes por considerá-la perigosamente equivocada, Neville Chamberlain (1869-1940):

> O único guia para um homem é sua consciência; o único escudo para sua memória é a retidão e a sinceridade de suas ações. É muito imprudente atravessar a vida sem esse escudo, porque, muitas vezes, somos ridicularizados pelo fracasso de nossas esperanças e pela derrota de nossos cálculos; mas, com esse escudo, quaisquer que sejam as jogadas do destino, marchamos sempre nas fileiras da honra[97].

Tal assimetria nas presunções de superioridade moral é centenária e de forma alguma limitada a diferentes teorias de prevenção da guerra. Questão após questão, os visionários moralmente autoproclamados têm discutido por séculos, como se nenhuma discordância honesta fosse possível, como se aqueles que se opunham a eles não estivessem apenas em erro, mas em pecado[98]. Essa tem sido uma marca registrada dos defensores da visão cósmica do

---

[96] JOHNSON, Paul. *Intellectuals*. Nova York: Harper & Row, 1988. p. 208. Edição brasileira: *Os intelectuais*. Lisboa: Editora Guerra e Paz, 2009.
[97] Discurso proferido na House of Commons, Nov. 12, 1940, Winston Churchill, *Churchill Speaks: Winston S: Churchill in Peace and* War, organizado por Robert Rhodes James. Nova York: Chelsea House, 1980, p. 734.
[98] Vide, por exemplo, SOWELL, Thomas. *The Vision of the Anointed*. Self-Congratulation as a Basis for Social Policy. Nova York: Basic Books, 1995. p. 3-5.

mundo e de si próprios como salvadores do mundo, quer o estejam salvando da guerra, da superpopulação, do capitalismo, da degradação genética, da destruição do meio ambiente, ou de qualquer que seja a crise do momento.

Dada essa visão exaltada de seu papel pelos visionários ungidos, aqueles que discordam deles devem ser correspondentemente degradados ou demonizados. Em questões de guerra e paz, os oponentes que preferem a dissuasão ao desarmamento costumam ser retratados como indivíduos intelectualmente deficientes, desprovidos de imaginação ou cegos pelo hábito. John Dewey, por exemplo, retratou aqueles que discordavam do movimento de 1920 pela renúncia internacional à guerra, que acabou levando ao Pacto Kellogg-Briand[99] em 1928, como pessoas que tinham "a estupidez das mentes presas ao hábito"[100]. Em outras palavras, sequer era possível que outros tivessem ponderado, de maneira diferente, as probabilidades dessa abordagem não experimentada. De acordo com Dewey, apenas a "inércia mental"[101] poderia explicar por que algumas pessoas não estavam dispostas a colocar em risco a segurança nacional em renúncias internacionais à guerra. Suas razões, afirmou Dewey, "são mais psicológicas, do que práticas ou lógicas"[102] ou então os argumentos contra a renúncia à guerra "vêm daqueles que acreditam no sistema de guerra"[103].

Diferenças em questões de guerra e paz estão associadas a visões de mundo fundamentalmente diferentes, que produzem crenças distintas sobre toda uma constelação de questões sociais e políticas[104]. Por exemplo, um indivíduo que acredita no estado de bem-estar social ou no socialismo é menos propenso a preferir a teoria da dissuasão militar a um indivíduo que acredita na economia *laissez-faire*, nas restrições judiciais e em outros aspectos da visão oposta.

John Dewey, por exemplo, se opunha à economia "*laissez-faire*" e a uma abordagem "punitiva" do criminoso, o que nos permite prescindir da "nossa parte em criá-lo"[105]. Bertrand Russell apoiava a ideia de "justiça so-

---

[99] Outro nome dado ao Pacto de Paris, foi uma tentativa diplomática de frear o uso da guerra como meio de política internacional. Nesse pacto buscava-se encontrar uma decisão conjunta da comunidade internacional pela renúncia completa ante os conflitos bélicos do escopo da Primeira Guerra Mundial. (N. E.)
[100] DEWEY, John. Outlawing Peace by Discussing War. *New Republic*, May 16, 1928, p. 370.
[101] *Ibid.*
[102] DEWEY, John. If War Were Outlawed. *New Republic*, April 25, 1923, p. 234.
[103] *Ibid.*, p. 235.
[104] Vide, por exemplo, SOWELL, Thomas. *A Conflict of Visions*. Nova York: William Morrow, 1987, Capítulo 7.
[105] DEWEY, John. *Human Nature and Conduct*. An Introduction to Social Psychology. Nova York: The Modern Library, 1957, p. 18, 297.

cial entre nações e entre indivíduos", o que exigiria que "toda a propriedade e controle definitivo da terra e matérias-primas precisam estar nas mãos da autoridade internacional", pois a "propriedade privada, no que diz respeito à matéria-prima, envolve uma injustiça flagrante e um poderoso incentivo à guerra"[106]. Como muitos outros da esquerda política, ele defendia escolas nas quais há "o mínimo de disciplina compatível com a aquisição de conhecimento, e nenhum tipo de castigo corporal"[107]. Em suma, o pacifismo faz parte de uma visão coerente que se estende muito além das questões de guerra e paz, enquanto a dissuasão faz parte de uma visão muito diferente que também é coerente em seu alcance mais amplo.

Aqui, como em outras partes, a questão sobre o melhor método para evitar a guerra de fato tende a produzir o resultado desejado, e aquele método que acaba sendo contraprodutivo recebe surpreendentemente pouca análise empírica por parte dos visionários ungidos. É a *busca* da paz, como a busca da justiça cósmica, que os exalta moralmente, independentemente de sua estratégia, na realidade, reduzir os perigos da guerra ou aumentá-los. Aqui, como em outras expressões das visões cósmicas, os resultados não são o teste. Assumir uma postura é o teste, como descobriu o economista Roy Harrod (1900-1978) em um comício de 1934 do Partido Trabalhista Britânico. Uma candidata do partido trabalhista afirmou que a Grã-Bretanha deveria se desarmar "para servir de exemplo aos outros" – um argumento bastante comum na época.

"Acredita que nosso exemplo fará Hitler e Mussolini se desarmarem?" – perguntei.

"Ora, Roy" – respondeu ela. "Você perdeu todo o seu idealismo?"[108].

A exaltação pessoal, e não as consequências empíricas para terceiros, há muito caracteriza as visões cósmicas e seus defensores, por mais que possam proclamar seu amor pela humanidade, pela paz, pelo meio ambiente, pelos pobres ou por outros aparentes beneficiários de suas atividades.

Embora os adeptos de visão oposta – os defensores da dissuasão militar – normalmente vejam os outros seres humanos como tomadores de decisões racionais, como eles próprios, e, consequentemente, tentem apresentar

---

[106] RUSSELL, Bertrand. *Which Way to Peace*, p. 174 e 176.
[107] *Ibid.*, p. 184.
[108] SHEPHERD, Robert. *A Class Divided*. Appeasement and the Road to Munich, 1938. Londres: Macmillan Co., Ltd., 1988. p. 50.

às nações agressoras contraforças suficientemente fortes para impedir a ação militar, os adeptos da visão cósmica dos ungidos são mais propensos a definir o problema psicologicamente, como emoções hostis e comportamentos irracionais, que podem fugir do controle e, assim, levar à guerra. Essa segunda explicação, de fundo mais psicológico, lança os visionários em um papel superior – quase terapêutico – à medida que buscam "aliviar tensões internacionais", dissipar "mal-entendidos" através de maior contato com os líderes e os povos das nações adversárias, e retratar esses potenciais inimigos como "seres humanos como nós mesmos". Dois dos grandes conflitos do século XX – primeiro entre as democracias ocidentais e os nazistas e, mais tarde, entre as democracias ocidentais e os comunistas – ilustram esse padrão, que pode ser observado nos acontecimentos que levaram à Segunda Guerra Mundial e, mais adiante, à Guerra Fria.

O caminho que levou à Segunda Guerra Mundial

Durante o interregno entre as duas guerras mundiais, os termos da competição entre as teorias de dissuasão e as teorias de desarmamento eram muito desiguais dentro das democracias ocidentais. Esta última visão estava claramente em ascensão, tanto na teoria quanto na prática. Embora as políticas e declarações do primeiro-ministro britânico Neville Chamberlain sintetizassem essa abordagem conciliatória nos anos que levaram à Segunda Guerra Mundial, essa visão era difundida na Grã-Bretanha antes mesmo de ele assumir o cargo e, sem dúvida, era uma força política a ser levada em conta nos Estados Unidos e em outras democracias ocidentais.

Nesse sentido, toda uma série de acordos internacionais de desarmamento, conferências e acordos de segurança mútua marcaram as duas décadas entre as guerras mundiais. Como aconteceu em outros contextos, as especificidades reais dos acordos de desarmamento receberam uma análise surpreendentemente pouco crítica por parte dos visionários moralmente ungidos, que receberam de bom grado o simbolismo desses tratados e sua suposta eficácia psicológica para aliviar as tensões internacionais. Por exemplo, um desses primeiros pactos de desarmamento, o Tratado Naval de Washington, de 1922, inibiu o crescimento das marinhas britânica e americana, mas não apresentou barreiras práticas ao crescimento da marinha do Japão, uma vez que os limites permitidos ao Japão não eram inferiores à capacidade corrente do país de construir navios de guerra – e, depois que se atingiu o ponto em que os limites do tratado se tornariam uma barreira prática, o Japão simplesmente ignorou o acordo, da mesma maneira que, mais adiante, a Alemanha nazista ignoraria um tratado naval semelhante com a Grã-Bretanha[109].

A assimetria inerente dos tratados de desarmamento entre os governos democráticos e despóticos – sendo as violações por estes últimos muito menos tolhidas pela opinião pública ou mesmo pelo conhecimento público – foi plenamente ignorada pelos defensores do desarmamento.

Ao Tratado Naval de Washington seguiram-se diversas conferências internacionais amplamente anunciadas, realizadas em Locarno (1925) e Lausanne (1932), entre outros lugares, gerando expressões eufóricas como "o espírito de Locarno" e declarações de que a conferência de Lausanne havia "salvado a Europa" e iniciado "uma nova era" para o mundo[110]. A mesma euforia, mais tarde, saudaria o famoso pronunciamento de Neville Chamberlain após a conferência de Munique de 1938, quando diziam que agora sim haveria "paz em nosso tempo".

Na visão dos defensores do desarmamento, os próprios armamentos são o inimigo. "Chega de rifles, metralhadoras e canhões!", proferiu o ministro do exterior da França, Aristide Briand (1862-1932)[111], coautor do Pacto Kellog-Briand de 1928, renunciando à guerra. Bertrand Russell, em 1936, declarou: "O desarmamento e pacifismo completo são, indiscutivelmente, a política mais sábia" e insistiu pela "dissolução gradual do exército, marinha e força aérea britânicos"[112]. Essa não era uma opinião individual, isolada; mas uma que teve eco no Parlamento. O líder do Partido Trabalhista britânico, Clement Attlee (1883-1967), declarou: "Nós, de nossa parte, somos a favor do desarmamento total, porque somos realistas"[113]. Embora o governo britânico não tenha se desarmado, seus gastos com as forças militares, que haviam dimi-

---

[109] CHURCHILL, Winston S. *The Second World War, Col I*: The Gathering Storm. Boston: Houghton Mifflin, 1983. p. 147-413; KEITH, Arthur Berriedale. *Speeches and Documents on International Affairs*: 1919-1937. Londres: Oxford University Press, 1938. p. 49. Edição brasileira (condensada) em dois volumes: *Memórias da Segunda Guerra Mundial*. São Paulo: Harpercollins, 2019. (N. E.)
[110] CHURCHILL, Winston S. *The Gathering Storm*, p. 14.
[111] KAGAN, Donald. *On the Causes of War and the Preservation of Peace*. Nova York: Doubleday, 1995. p. 314.
[112] RUSSELL, Bertrand. *Which Way to Peace?* p. 146, 152.
[113] *Ibid.*, p. 343. E não era apenas retórica. O Partido Trabalhista britânico votava rotineiramente contra gastos militares até meados da década de 1930, quando a ameaça ostensiva de Hitler e o acelerado rearmamento da Alemanha finalmente forçaram o partido a meras abstenções em votos militares no Parlamento. Essa mudança, diga-se de passagem, ocorreu devido aos não ungidos dentro do partido – os líderes do sindicato dos trabalhadores, não a *intelligentsia* esquerdista.

nuído do final da década de 1920 até o início da década de 1930, aumentaram muito menos do que os da Alemanha nazista nos anos que antecederam a eclosão da Segunda Guerra Mundial, em 1939.

Havia um padrão semelhante nos Estados Unidos, onde o exército americano tinha menos de um quarto de milhão de homens e era apenas o 16º maior exército do mundo, atrás dos exércitos da Grécia e de Portugal. E mais, essa força esquelética não dispunha de equipamento militar suficiente sequer para suas manobras. Alguns soldados americanos tiveram que treinar com rifles de madeira e com maquetes de tanques e canhões. É provável que nenhuma grande nação em toda a história tenha sido tão completamente desarmada quanto os Estados Unidos. No entanto mesmo os modestos gastos militares da época foram atacados por aqueles que se consideravam parte do "movimento pela paz". Em um artigo de 1936, publicado no *The Atlantic Monthly*, com o título "We Militarize", Oswald Garrison Villard descartou "como um truque nossa 'iminente' guerra com o Japão"[114]. Eterno candidato a presidente pelo Partido Socialista, Norman Thomas (1884-1968) declarou: "Uma possível vitória de Hitler sobre a maior parte da Europa seria altamente improvável"[115].

Tampouco tais sentimentos se limitaram à *intelligentsia*, encontrando ecos no Congresso dos Estados Unidos. O influente senador Gerald Nye (1892-1971), por exemplo, denunciou "a nova insana corrida armamentista", e declarou que "os japoneses não desejam um conflito com o povo dos Estados Unidos, assim como nossos próprios cidadãos não desejam guerra com o povo japonês". Mas, mesmo que a guerra viesse, o Japão "não conseguiria chegar a várias centenas de quilômetros da nossa costa" e "nem nós poderíamos chegar a uma distância de ataque da costa japonesa"[116]. Toda uma literatura dessa época argumentava que os temores de guerra estavam sendo incitados pelos fornecedores de material bélico, os "mercadores da morte", nos termos da época. Em suma, os defensores da dissuasão militar sequer tinham a mínima dignidade de estarem honestamente enganados, menos ainda de estarem possivelmente certos.

O irrelevante argumento de que o *povo* de vários países não queria a guerra provou ser tão politicamente indestrutível quanto era falacioso como

---

[114] VILLARD, Oswald Garrison. We Militarize. *The Atlantic Monthly*, 1936, p. 144.
[115] THOMAS, Norman. What Will I Do When America Goes to War. *The Modern Monthly*, v. IX, n. 5, Sep. 1935, p. 265.
[116] NYE, Gerald P. Billions for 'Defensey'. *Forum*, v. XCV, n. 4, April 1936, p. 208.

indicador do que os governos desses países provavelmente fariam. Esse mesmo argumento foi repetido em muitas ocasiões do outro lado do Atlântico, pelo primeiro-ministro britânico, Neville Chamberlain, um argumento que ressurgiria uma geração depois, durante a Guerra Fria, e seria novamente repetido inúmeras vezes, como se fosse uma nova e profunda visão. Em setembro de 1938, Chamberlain falou sobre o "desejo de paz do povo alemão"[117], menos de um ano antes de Hitler desencadear a guerra mais catastrófica da história humana. De igual modo, Chamberlain falou do "desejo apaixonado de paz do povo italiano"[118], o que foi, sem dúvida, igualmente verdadeiro e igualmente irrelevante para as ações de Benito Mussolini (1883-1945).

Como muitos outros, durante o período entre as duas guerras mundiais, Chamberlain alertou para os perigos de uma "corrida armamentista" – que chamou de "competição sem sentido no rearmamento que anula continuamente os esforços que cada nação faz para obter uma vantagem sobre as outras"[119]. Isso ecoou o que Bertrand Russell havia dito em 1936, que "cada aumento de armamento por uma potência é acompanhado por um aumento do outro lado, exigindo um outro aumento por parte da primeira potência"[120]. Essas avaliações neutras, feitas por quem estava de fora – posição favorita dos visionários ungidos – ignoraram dois fatos cruciais em decisões de vida e morte que precisam ser tomadas sobre preparação militar.

Antes de tudo, uma nação obviamente agressiva, como a Alemanha nazista durante a década de 1930, dá início a um desenvolvimento militar a fim de alcançar seus objetivos pela força ou pela ameaça da força, enquanto aqueles que desenvolvem contraforça tentam evitar serem atacados ou forçados a se renderem. Se um desenvolvimento militar defensivo – uma "corrida armamentista" – não consegue garantir nenhuma vantagem prática contra o agressor, pelo menos previne a agressão ou a necessidade de rendição. Do ponto de vista da nação não agressora, não se está tentando *ganhar* nada à custa de ninguém, mas simplesmente reconhecer a triste realidade de que a preparação militar faz parte do preço para manter a paz, a independência e a liberdade que já se tem[121]. Se a dissuasão militar permite que isso seja feito sem

---

[117] CHAMBERLAIN, Neville. *In Search of Peace*. Nova York: G. P. Putnam's Sons, 1939. p. 192.
[118] *Ibid.*, p. 252.
[119] *Ibid.*, p. 45.
[120] RUSSELL, Bertrand. *Which Way to Peace?* p. 109.
[121] Mesmo a Guerra, em si, foi reconhecida por Edmund Burke como não sendo algo que exigia justificativa de ganhos prospectivos, mas sim como parte do preço a ser pago pela preservação da independência e liberdade. A quem perguntou o que a Grã-Bretanha saía ganhando ao se opor à França, ele respondeu: "Estão

derramamento de sangue, não se trata de um "desperdício", porque as armas nunca são usadas, e sim uma bagatela, pois foram temíveis o bastante para não precisarem ser usadas, nem vidas serem sacrificadas na carnificina da guerra.

O argumento contra a "corrida armamentista", muitas vezes, também inclui a falácia *post hoc, ergo propter hoc* − nesse caso, que as corridas armamentistas levam à guerra porque as guerras costumam ocorrer depois que as nações em conflito desenvolveram sua capacidade militar[122]. Empiricamente, com certeza é verdade que, à medida que detectam a perspectiva de uma guerra se aproximando, as nações tendem a se armar. Isso não é nada surpreendente. Tampouco indica a direção da causalidade.

Implícita em tudo isso está a noção presunçosa de que outras pessoas estão se comportando irracionalmente e que a própria compreensão e virtude superiores são a resposta. A partir daqui, é apenas um pequeno passo até a abordagem terapêutica de tentar gerenciar as emoções de terceiros, partindo do pressuposto de que as guerras ocorrem porque essas emoções fogem ao controle, e não porque alguns líderes políticos escolhem intencionalmente cursos de ação que ameaçam consequências malignas para os outros, porque essas mesmas ações parecem oferecer boas perspectivas para si mesmos na forma de conquista territorial, glória política, e afins.

Para aqueles com a visão oposta, tudo isso parece radicalmente diferente. Se uma pessoa parte do pressuposto de que outros seres humanos são basicamente racionais, como ele mesmo, os possíveis agressores − sejam eles criminosos internacionais ou comuns, no próprio país − podem calcular as perspectivas de sucesso e estar mais inclinados a se arriscar onde as vítimas potenciais são mais fracas. Dessa perspectiva, armar as possíveis vítimas reduz os riscos de agressão e, em especial, da agressão bem-sucedida[123]. No entanto essa abordagem não oferece um papel especial para aqueles que presumem ser moralmente superiores.

Outra falácia no argumento da "corrida armamentista" é que, como tantas outras coisas na visão dos visionários ungidos, ele ignora a difícil

---

perguntando o que eles ganham com essa guerra? Ora essa! Coitados. Ganham sua existência − e o poder de se fazerem de tolos com impunidade − é pouco?" BURKE, Edmund. *The Correspondence of Edmund Burke*. In: MARSHALL, P. J.; WOODS, John A. (orgs.). Cambridge: Cambridge University Press, 1968, v. VII, p. 416.
[122] KENNEDY, John F. *Why England Slept*. Nova York: Wilfred Funk, Inc., 1961. p. 6-7.
[123] Um estudo empírico dos efeitos do porte de armas por cidadãos respeitadores da lei nos Estados Unidos também mostrou que a disseminação da posse de armas estava altamente correlacionada com a *diminuição* de crimes violentos. LOTT JR., John R.. *More Guns, Less Crime:* Understanding Crime and Gun Control Laws. Chicago: University of Chicago Press, 1998.

realidade econômica da escassez. Nenhum país dispõe dos recursos ilimitados implícitos no argumento de que ocorrerá uma espiral ascendente interminável de armamentos. Além disso, alguns países atingirão seus limites econômicos antes de outros.

Em uma época posterior, o presidente Ronald Reagan (1911-2004) entendeu isso com toda clareza quando explicou a um grupo horrorizado de jornalistas do *Washington Post* que pretendia vencer a corrida armamentista com a União Soviética, porque os recursos americanos excediam, em muito, os da União Soviética, de modo que os líderes soviéticos acabariam sendo forçados à mesa de negociações para começar a reduzir seu arsenal nuclear ameaçador e suas agressões internacionais. Para igual descrença e desdém de muitos, afirmou também, em mais de uma ocasião, que estávamos testemunhando os últimos dias da União Soviética[124], que não suportaria as tensões do próprio sistema econômico contraproducente associadas às das aventuras militares estrangeiras. O fato de que os eventos provaram que ele tinha razão não fez absolutamente nada para reabilitar o presidente aos olhos daqueles para quem as evidências nunca foram mais importantes do que a visão da qual dependem seus próprios egos.

No período entre as duas guerras mundiais, como em outras épocas, ao argumento de que a preparação militar significava uma corrida armamentista dispendiosa somava-se ao argumento de que a guerra é inútil. Como disse Chamberlain: a guerra "nada ganha, nada cura, nada resolve"[125]. Esse antigo padrão de pacifistas, como muitos outros pronunciamentos autoelogiosos, raramente foi submetido a qualquer teste empírico.

Se a guerra é tão fútil, qual o motivo das lágrimas de alívio e gratidão quando os povos da Europa Ocidental foram libertados dos conquistadores nazistas pelos exércitos aliados e quando aqueles em campos de trabalho escravo e campos de extermínio foram libertados? Foi fútil ocupar uma Alemanha e um Japão derrotados, acabando com suas centenárias tradições de militarismo que haviam causado tanto terror e destruição aos seus vizinhos? A Guerra Civil americana foi inútil quando libertou milhões de seres humanos da escravidão? A "futilidade da guerra" é uma reunião hilariante de sons, não uma declaração séria a ser testada seriamente com base em fatos. Algumas

---

[124] D'SOUZA, Dinesh; *Ronald Reagan: How an Ordinary Man Became an Extraordinary Leader*. Nova York: The Free Press, 1997. p. 4.
[125] CHAMBERLAIN, Neville. *In Search of Peace*, p. 288.

guerras são, de fato, fúteis. Outras não. Descartar *a priori* os pronunciamentos sobre o assunto tem pouca utilidade a não ser o da autoexaltação.

Junto ao desarmamento militar do período entre guerras veio um desarmamento moral. Apesar da selvageria, em palavras e atos, dos nazistas na Alemanha e dos senhores da guerra no Japão, Chamberlain novamente sintetizou o espírito da época ao falar em "ambos os lados" com total neutralidade, como se houvesse alguma equivalência moral. Assim, ele falou da brutal, e não provocada, invasão da China pelo Japão como "o início das hostilidades" na região e "o infeliz conflito" que se seguiu[126]. Durante períodos de atrito entre a Alemanha nazista e a Grã-Bretanha, ele pediu "contenção e tolerância por parte da imprensa de ambos os países"[127]. A violência orquestrada de Hitler através da manipulação dos alemães étnicos nos Sudetos da Checoslováquia foi referida como "uma sucessão de incidentes graves nos infelizes Sudetos" e, mais adiante, Chamberlain falou da "atual controvérsia" na região e condenou "extremistas de ambos os lados"[128].

Esses não eram toques de clarim, nem do ponto de vista moral nem do ponto de vista da autodefesa. Em uma tal atmosfera de opinião, onde a guerra em si era vista como o inimigo, a oposição generalizada à preparação militar não era de surpreender. Na Universidade de Oxford, os estudantes prometeram nunca lutar por seu país – uma promessa que se disseminou entre outros estudantes de outras universidades. Bertrand Russell declarou: "O propósito é a paz, e a maneira de alcançá-la é dizer: *Não lutaremos*"[129]. O pacifismo era forte também nos Estados Unidos. A França, como o país mais próximo da Alemanha, estava mais bem armada, mas, como observou Churchill, em 1932: "A França, embora armada até os dentes, é pacifista até a alma"[130].

No âmago do desarmamento espiritual por trás do desarmamento militar estava a visão cósmica dos visionários ungidos. Tanto a retórica quanto a política externa do primeiro-ministro britânico Neville Chamberlain refletiam praticamente todos os aspectos dessa visão. Primeiro, havia a visão terapêutica da guerra, segundo a qual "se você quer garantir uma paz confiável para durar, você precisa descobrir quais são as causas da guerra e eliminá-las"[131]. Entre

---

[126] *Ibid.*, p. 26, 27.
[127] *Ibid.*, p. 34.
[128] *Ibid.*, p. 163, 179, 204.
[129] RUSSELL, Bertrand. *Which Way to Peace*, p. 205.
[130] CHURCHILL, Winston. *Churchill Speaks*, p. 554.
[131] CHAMBERLAIN, Neville. *In Search of Peace*, p. 98.

essas causas estavam "mal-entendidos"[132], "queixas, diferenças e suspeitas"[133] e outros problemas psicológicos como "inimizades"[134] e "uma atmosfera de má vontade"[135]. Dada essa visão terapêutica das causas da guerra, a incessante repetição de Chamberlain da questão dos "contatos pessoais"[136] entre chefes de Estado serem a maneira de dissipar esse mal-estar psicológico e atenuar emoções era perfeitamente consistente.

Sabemos, hoje, que Hitler e Mussolini desenvolveram um desprezo por Chamberlain, como um resultado da disposição do primeiro-ministro em constantemente tomar um avião para se encontrar com eles – os quais jamais foram à Inglaterra para se encontrar com ele – mesmo em condições humilhantes. Tampouco esse desprezo foi um debate privado legal incidental para a história. As potências do Eixo arriscaram a guerra com países cujo poderio militar elas sabiam ser maior do que o seu, porque não achavam que esses países tivessem coragem para lutar ou o bom senso de arregimentar forças militares suficientes a tempo de lutar de forma eficiente.

O desprezo pelos líderes fracos e as políticas tímidas das democracias ocidentais foram partes essenciais desse cálculo que levou os ditadores a desencadear a guerra. No entanto, na época, pouco disso foi entendido no Ocidente para além das fileiras de muito poucos como Winston Churchill, que era então um simples deputado pouco conhecido no Parlamento, alienado de seu próprio partido e, muitas vezes, um objeto de desdém e de ridicularização, quando chegava a ser notado[137]. Por outro lado, quando Chamberlain se preparou para ir a Munique para seu encontro histórico com Hitler, em 1938, ele o fez em meio a saudações e aplausos tumultuosos, com o apoio praticamente unânime de todos os partidos na Câmara dos Comuns – e foi igualmente recebido na volta com grande aclamação no Parlamento e no país, ao proclamar "paz em nosso tempo".

Tanto o desarmamento material quanto o desarmamento moral do Ocidente foram fundamentais para sua vulnerabilidade ao ataque de países cujo potencial militar não era tão grande, mas que contavam com uma série decisiva de vitórias antes mesmo que as nações democráticas pudessem

---

[132] *Ibid.*, p. 133.
[133] *Ibid.*, p. 106.
[134] *Ibid.*, p. 5.
[135] *Ibid.*, p. 53.
[136] *Ibid*, p. 34, 40, 120, 209-7, 210, 216-7, 230, 240, 242, 250, 271.
[137] Vide, por exemplo, LUTTWAK, Edward N. Churchill and Us, *Commentary*, v. 63, n. 6, June 1977, p. 44-49.

construir seus exércitos e sua determinação. Essa estratégia do Eixo chegou perigosamente perto do sucesso.

Uma série impressionante, rápida e ininterrupta de grandes vitórias militares por parte das potências do Eixo dominou a primeira metade da Segunda Guerra Mundial, na Europa, na Ásia e no Norte da África. A Polônia e a França caíram na *blitzkrieg*[138] dos exércitos nazistas em questão de semanas, e a Noruega foi invadida em questão de dias. Os japoneses varreram todo o Sudeste Asiático, capturando as Filipinas, a Malásia e as Índias Orientais depois de bombardear Pearl Harbor. Quando os britânicos finalmente venceram uma batalha no Norte da África, perto do final de 1942, Winston Churchill declarou com toda sinceridade: "Temos uma nova experiência. Temos a vitória"[139]. Naquele momento, a guerra já estava no seu terceiro ano. O único erro de cálculo das potências do Eixo foi acreditar que, diante de derrotas devastadoras, recuos e baixas crescentes, as democracias ocidentais não conseguiriam continuar lutando.

Se isso teria sido um erro de cálculo, uma geração depois, época da guerra do Vietnã, já é outra questão. Na Segunda Guerra Mundial, porém, uma vez que os países ocidentais, em especial os Estados Unidos, finalmente mobilizaram seus recursos – que contavam não apenas com as próprias forças militares, mas também com as da União Soviética – a maré virou tão decisivamente a seu favor na segunda metade da guerra quanto tinha sido a favor das potências do Eixo na primeira metade. No entanto apesar de uma vitória esmagadora no final, os Aliados estiveram, um pouco antes, desesperadamente perto da derrota. Quando Winston Churchill foi nomeado primeiro-ministro da Grã-Bretanha, em maio de 1940, ele disse, em resposta, às felicitações de seu motorista: "Espero que não seja tarde demais. Tenho muito medo de que seja. Só podemos fazer o nosso melhor"[140]. Ele tinha lágrimas nos olhos.

Esse momento de desespero chegou para a Grã-Bretanha e para o mundo, não porque o Ocidente não dispusesse dos recursos materiais para se defender, ou porque o inimigo do Eixo não soubesse da superioridade do potencial militar do Ocidente, mas porque se permitiu que esse potencial

---

[138] Trata-se de uma tática militar operacional que consiste em utilizar forças móveis em ataques rápidos, utilizando-se do fator surpresa, com o intuito de evitar que as forças inimigas tenham tempo de organizar a defesa ou sabotar a ofensiva. (N. E.)
[139] CHURCHILL, Winston, *Churchill Speaks*, p. 80.
[140] MANCHESTER, William. *The Last Lion, Vol. I: Alone, 1932 – 1940*. Boston: Little, Brown and Co., 1988. p. 680.

continuasse sendo apenas um mero potencial durante décadas, enquanto os agressores estavam se armando visível e rapidamente, não apenas materialmente, mas também em espírito, enquanto o Ocidente estava se desarmando materialmente como resultado de seu desarmamento em espírito.

No final da guerra, Churchill olhou para trás e disse: "Nunca houve em toda a história uma guerra que pudesse ser mais facilmente prevenida por meio de ação oportuna do que essa que acaba de desolar áreas tão extensas do globo"[141]. Mas tal ação oportuna para deter a guerra com armamentos e alianças militares, como Churchill havia insistido ao longo da década de 1930, não exaltaria os visionários ungidos tão bem quanto as políticas opostas fizeram. Os soldados britânicos, americanos e outros soldados aliados que, nos primeiros anos da guerra, pagaram com a vida pelo equipamento militar quantitativamente inadequado e qualitativamente obsoleto, um legado do pacifismo entre guerras, incluíram-se entre os mais trágicos dos muitos outros que pagaram o preço das visões exaltadas e presunçosas de outras pessoas.

A Guerra Fria

Nos anos que se seguiram imediatamente ao fim da Segunda Guerra Mundial, havia uma aguçada consciência, em muitos lugares, de que as políticas tolas e fracas do Ocidente haviam conduzido aos horrores daquela guerra – e haviam arriscado a provocar horrores ainda maiores caso tivessem perdido a guerra. A revista *Time* publicou, na edição de 14 de maio de 1945:

> Esta guerra foi uma revolução contra a base moral da civilização. Foi concebida pelos nazistas em um desprezo consciente pela vida, dignidade e liberdade do indivíduo, e deliberadamente instaurada por meio da escravidão, fome e destruição em massa das vidas de não combatentes. Foi uma revolução contra a alma humana[142].

Uma geração cujos jovens haviam lutado, sofrido e morrido em numerosos campos de batalha espalhados pelo mundo agora entendia claramente a

---

[141] CHURCHILL, Winston. *Churchill Speaks*, p. 884.
[142] *Time*, May 14, 1945, p. 150.

necessidade de alianças militares para impedir a agressão. Tampouco se tratava de uma questão de partido político ou de ideologia nos Estados Unidos, exceto na extrema esquerda. Liberais Democratas da corrente principal, como Harry Truman (1884-1972) e Hubert Humphrey (1911-1978), apoiaram a Organização do Tratado do Atlântico Norte e a dissuasão militar em geral. O presidente John F. Kennedy declarou: "nós não nos atrevemos a tentá-los com fraqueza". Entretanto, mesmo no início da Guerra Fria, os defensores do desarmamento que, mais uma vez, se autodenominavam de "o movimento pela paz", opuseram-se a gastos e alianças militares, lançando mão de muitos dos mesmos argumentos e muito da mesma retórica que os pacifistas haviam usado com efeitos tão fatais nos anos que antecederam a Segunda Guerra Mundial. No entanto tais movimentos e argumentos foram politicamente esmagados nos Estados Unidos, embora tenham tido muito mais peso na Europa, que costuma se manter à esquerda dos Estados Unidos tanto em questões domésticas quanto em questões de política externa.

A grande virada veio com a Guerra do Vietnã, mais longa do que a Segunda Guerra Mundial, e não mostrou nenhum sinal de vitória ou mesmo de um impasse militar que colocaria um ponto final às crescentes baixas. Agora as ideias desacreditadas de uma geração anterior ressurgiam, em especial entre aqueles jovens demais para terem sofrido as amargas lições que haviam destruído ilusões semelhantes anteriormente.

As demandas por "reuniões de cúpula" – o novo termo para aquilo que Chamberlain costumava chamar de "contatos pessoais" – e por acordos de desarmamentos tornaram-se, mais uma vez, politicamente irresistíveis. Uma vez mais, a verdadeira essência dessas reuniões e a possibilidade de verificação dos acordos que deles surgiam eram reflexões inundadas pela euforia que produziam. O "espírito de Locarno" e de outros locais de reuniões internacionais no período entre as duas Guerras Mundiais ecoava agora no "espírito de Genebra", no "espírito de Tashkent" e de muitos outros locais onde ocorriam reuniões de chefes de Estado soviéticos e americanos.

Essa abordagem alcançou seu auge (ou o fundo do poço) na administração Carter, e seu fracasso foi sintetizado pela expressão de choque do presidente Carter quando as tropas soviéticas invadiram o Afeganistão. Carter começou a compensar a negligência das forças militares americanas, mas era, na trágica expressão dos primeiros anos da Segunda Guerra Mundial, "demasiado pouco, demasiado tarde". Com a eleição de Ronald Reagan, em 1980, o desencanto geral com as políticas doméstica e externa dessa administração trouxe a mudança mais profunda nas políticas americanas em casa e no exterior em muitos anos.

Embora o público estivesse pronto para a mudança, os moralmente ungidos entre a *intelligentsia* e a mídia claramente não estavam, e expressaram tanto alarme quanto desdém quando o presidente Reagan iniciou uma escalada militar para combater o crescente arsenal nuclear soviético e propôs explorar as perspectivas de um sistema de defesa antimíssil destinado a reduzir a eficácia da ameaça nuclear soviética. Talvez o auge dessa nova tendência que Reagan colocou em movimento tenha ocorrido com a ação militar americana na Guerra do Golfo Pérsico em 1991, quando os muito lamentados gastos militares da década de 1980 valeram a pena sob a administração Bush, período em que os abundantes equipamentos militares de alta tecnologia levaram a uma vitória rápida com notavelmente poucas baixas americanas, apesar das inúmeras previsões trágicas de um banho de sangue no campo de batalha.

Outra mudança de administração, resultante das eleições de 1992, e devido mais a desenvolvimentos domésticos do que internacionais, provocou mais um retorno à falta de ênfase nas forças militares e um ressurgimento de conferências internacionais e reuniões de cúpula – e das ilusões nas quais elas tantas vezes se baseiam. Essas ilusões talvez tenham sido sintetizadas em uma manchete do *New York Times* sobre a visita do presidente chinês, Jiang Zemin, aos Estados Unidos, em 1997, segundo a qual havia "sinais de camaradagem" entre os dois presidentes[143].

VISÕES SOCIAIS

Se a tirania das visões pode prevalecer em questões de guerra e paz – ou seja, em questões de vida ou morte tanto para indivíduos quanto para sociedades –, não deveria surpreender que a mesma tirania possa prevalecer em visões da atividade social e econômica. Talvez nenhuma visão permeie mais teorias sociais e econômicas do que a visão dos ricos roubando os pobres, seja em uma determinada sociedade ou entre nações. A crença de que os pobres são pobres, *porque* os ricos são ricos se reflete em expressões como "os despossuídos" ou "os explorados", bem como em teorias mais elaboradas que vão

---

[143] BENNET, James. Between Wary Presidents, Signs of Bonding. *New York Times*, Oct. 30, 1997, p. A1.

desde o marxismo e a teoria do imperialismo de Lênin, até à moderna "teoria da dependência".

Pessoas que nunca possuíram podem ser espoliadas? Eles podem ser saqueados de riquezas do que nunca tiveram? A suposição de alguma condição anterior e mais afortunada também parece estar subjacente ao poema de Edwin Markham, "The Man with the Hoe" ["Homem com a Enxada"], que pinta um quadro amargo e trágico de um homem curvado de tanto trabalhar, cuja mente e alma estão entorpecidas pelo cansaço:

> How will you ever straighten up this shade;
> Give back the upward looking and the light;
> Rebuild in it the music and the dream...?[144]

Suposições semelhantes de tempos melhores no passado estão por trás de toda uma literatura sobre o "nobre selvagem" ou as imagens românticas dos tempos da Europa pré-industrial. Em determinados lugares e épocas, houve, de fato, retrocessos, e ocorreram também coisas como o saque dos tesouros incas pelos espanhóis, mas a explicação mais geral das diferenças de riqueza dessa natureza, doméstica e internacionalmente, exigiria mais evidências de que se tratava de um padrão generalizado. Como acontece com tantos outros exemplos de visões cósmicas, o intelecto dos intelectuais não estava inclinado a *testar* essas crenças em relação a evidências empíricas, e sim a *ilustrar* tais teorias com fatos selecionados.

Se o objetivo fosse testar a crença de que a riqueza dos ricos provém da pobreza dos pobres, então seria possível, por exemplo, averiguar se, nos países em que o número de milionários e bilionários é alto, há um contingente de pobres maior do que em países em que não houvesse tantos milionários e bilionários. Alternativamente, alguém poderia verificar se um determinado período da história de um país em que os ricos estavam ficando mais ricos, também foi um período em que os pobres estavam ficando cada vez mais pobres. Testes mais sofisticados também seriam possíveis – mas apenas se o objetivo fosse o teste.

Entre as nações, seria possível ver se a aquisição de colônias levou a um enriquecimento acelerado das nações imperialistas e se a perda dessas

---

[144] Como você vai endireitar essa sombra;
Devolva o olhar para cima e a luz;
Reconstruir nele a música e o sonho...? (N. T.)

colônias provocou reveses econômicos nas nações imperialistas e/ou uma maior prosperidade entre os povos libertados. No entanto, surpreendentemente, pouca atenção tem sido dada a essas questões empíricas pelos adeptos das visões cósmicas de exploração. Uma das obras-primas da propaganda foi *O Imperialismo*[145], de Lênin, que ilustra brilhantemente sua teoria com estatísticas, sem submetê-la a qualquer teste.

O Imperialismo, de Lênin

A conquista que *O Imperialismo*, de Lênin, representa como uma obra-prima da propaganda não pode ser plenamente apreciada sem antes se entender os formidáveis obstáculos que o autor teve que superar para resgatar a teoria econômica marxista de mais de meio século de história que a contradizia – e então lançar a teoria de resgate diante de evidências adicionais maciças contradizendo também a própria doutrina de Lênin.

A teoria de Marx sobre o fim do capitalismo dependia fundamentalmente da reação da classe trabalhadora à deterioração de sua condição – fosse a deterioração absoluta ou a deterioração relativa a outras classes – tornando-se revolucionária[146]. Durante o tempo de vida de Marx, a ideia de empobrecimento absoluto da classe trabalhadora foi abandonada pelos próprios Marx e Engels, que observaram a crescente prosperidade e o aburguesamento subjetivo do proletariado ao seu redor na Inglaterra[147]. Na época em que Lênin escreveu *O Imperialismo*, as previsões marxistas estavam a caminho de se tornarem piada. Como seria possível resgatar o marxismo diante de uma classe trabalhadora cada vez mais próspera e tranquila no mundo capitalista? Em um nível mais prático, como uma nova visão poderia inspirar novos revolucionários a arriscar tudo na tentativa de tomar o poder político? *O Imperialismo*, de Lênin, resolveu esses dois enormes problemas.

Segundo Lênin, a "exploração" da classe operária nos países capitalistas foi amenizada e a revolução adiada por sua participação nos frutos da

---

[145] No Brasil encontramos a seguinte edição: LÊNIN, Vladímir Ilitch. *Imperialismo, estágio superior do capitalismo*. São Paulo: Boitempo, 2021. (N. E.)
[146] Uma análise mais detalhada das teorias de Marx pode ser encontrada em um livro de minha autoria, *Marxism: Philosophy and Economics*. Nova York: William Morrow, 1985 – especialmente nos Capítulos 5-8.
[147] MARX, Karl; ENGELS, Frederick. *Selected Correspondence:* 1846-1985. TORR, Dona (org.). Nova York: International Publishers, 1942. p, 115-116; ENGELS, Frederick. *The Condition of the Working-Class in 1844*. Londres: George Allen & Unwin, Ltd., 1950. p. XIV.

exploração dos países menos desenvolvidos. Em busca dessa exploração, as nações industriais enviaram aos países estrangeiros menos desenvolvidos seu capital "excedente" que, de outra forma, teria criado os sérios problemas econômicos internos que Marx imaginara. Nas palavras de Lênin, os novos capitalistas "saqueiam o mundo inteiro" e, com seus "enormes *superlucros*", eles são capazes de subornar os membros mais afortunados da classe operária do país e, em particular, seus líderes, que são cooptados[148]. Assim, "milhões de trabalhadores" hoje "vivem condições de vida mais ou menos burguesas", afirmou Lênin[149]. Desta forma, o imperialismo capitalista mantém, simultaneamente, a classe operária calma e encontra saídas para um "aumento do capital prodigioso, que transborda"[150].

Lênin ofereceu não apenas uma desculpa, mas uma visão apresentada como uma hipótese empiricamente testável para a qual passou a oferecer evidências empíricas. As evidências mais importantes de O *Imperialismo* foram apresentadas em uma tabela como a que se encontra a seguir[151]. Os países listados em letras maiúsculas no alto são nações industriais europeias que estão fazendo investimentos de capital no exterior. Os lugares listados na vertical, na coluna da esquerda, são os destinos desse capital.

	BILHÕES DE MARCOS, CERCA DE 1910			
	GRÃ-BRETANHA	FRANÇA	ALEMANHA	TOTAL
Europa	4	23	18	45
América	37	4	10	51
Ásia, África e Austrália	29	8	7	44
TOTAL	70	35	35	140

Antes de examinarmos as implicações dessa tabela, é preciso primeiro reconhecer que ela cumpre uma das funções importantes da propaganda: ela *parece* oferecer evidências, e certamente oferece informações, sobre um assunto com o qual a maioria das pessoas provavelmente não está familiarizada e em números em uma escala impressionante – no caso, bilhões de marcos. Por mais

---

[148] *Ibid.*, p. 63.
[149] LENIN. *Imperialism*: The Highest Stage of Capitalism. Nova York: International Publishers, 1969. p. 13-14.
[150] *Ibid.*, p. 29.
[151] *Ibid.*, p. 64.

modesto que tal feito possa parecer, do ponto de vista puramente lógico, servia muito bem ao seu propósito. Como apontou um conhecedor dos jogos de confiança, o propósito do homem de confiança não é convencer os céticos, e sim ajudar outros a acreditarem naquilo que eles já querem acreditar. A exibição da parafernália de evidências, com os floreios da retórica apropriada, cumpriu esse importante propósito.

Do ponto de vista da lógica, a evidência difere dos meros fatos, no sentido de que as evidências consistem em fatos mais coerentes com uma teoria do que com outra. Portanto, o critério apropriado para as evidências não é simplesmente se elas são factualmente precisas, mas se vão, do ponto de vista lógico, estabelecer essa distinção. Desfilar estatísticas que documentam ao máximo coisas que não estão em discussão – que a indústria capitalista estava crescendo muito e que os bancos tinham enormes depósitos[152], por exemplo – é, do ponto de vista lógico, vazio. No entanto, não só pode como teve sucesso efetivo como propaganda destinada a criar uma atmosfera de grande conhecimento sobre coisas esotéricas e seus significados internos presumivelmente sinistros.

Voltando à tabela, os dados relativos à Grã-Bretanha, à primeira vista, se encaixam na teoria do imperialismo de Lênin, uma vez que a Grã-Bretanha tinha investido relativamente pouco na Europa, em comparação com seus investimentos nas regiões do mundo supostamente menos desenvolvidas industrialmente. No entanto os dados da França e da Alemanha parecem falhar até mesmo nesse teste superficial. Quanto à Grã-Bretanha, Lênin afirmou: "As principais esferas de investimento do capital britânico são as colônias britânicas, que são muito grandes também na América (por exemplo, o Canadá), sem mencionar a Ásia, etc.". Assim, "enormes quantias de capital estão mais intimamente ligadas às colônias". Dizia-se que uma parte substancial dos investimentos europeus da França estavam na Rússia, na época uma parte menos desenvolvida da Europa, e dizia-se que os investimentos estrangeiros da Alemanha estavam "divididos de maneira bem equilibrada entre a Europa e a América"[153]. Porém nenhum dado foi apresentado que sustentasse qualquer uma dessas alegações. No entanto o argumento de Lênin parece, a princípio, razoavelmente plausível e razoavelmente coerente com sua teoria do imperialismo como um meio de exportar

---

[152] *Ibid.*, p. 16-17, 18, 22-23, 3i, 32, 38.
[153] *Ibid.*, p. 64-65.

capital do mundo industrial para o não industrial, onde uma "exploração" maior e mais lucrativa é presumivelmente possível.

O que é notável, entretanto, se não surpreendente, são as enormes e heterogêneas categorias em que os dados para os beneficiários do investimento são apresentados. "América", por exemplo, abrange todo o Ocidente, que inclui níveis de desenvolvimento econômico que vão desde as selvas amazônicas até as siderúrgicas de Pittsburgh. Da mesma forma, "Ásia, África e Austrália" são três continentes inteiros agrupados em uma só categoria, também abrangendo regiões que variam de selvas a metrópoles industriais. Para quem quer acreditar, a presunção é que o capital está sendo exportado para as regiões menos desenvolvidas desses vastos e heterogêneos territórios – e, para esse eleitorado, é o que basta.

Para aqueles que não compartilham a visão de Lênin, ou aqueles que mantêm algum respeito fundamental pela lógica e pelas evidências, um detalhamento mais preciso dos dados faria toda a construção leninista desmoronar como um castelo de cartas. Durante o período coberto pelos dados e pela doutrina de Lênin – o final do século XIX e o início do século XX –, os Estados Unidos foram os principais beneficiários do capital britânico, alemão e holandês[154]. Na época em que Lênin escreveu, o Império Britânico era o maior império do mundo, abrangendo um quarto da terra e um quarto da população mundial. Ao contrário de Lênin, no entanto, seus investimentos não foram principalmente às suas posses imperiais. Seus maiores investimentos ocorreram em outro país industrial, os Estados Unidos, que receberam mais investimentos britânicos do que toda a Ásia ou a África ou toda a América Latina[155].

Os outros grandes investimentos da Grã-Bretanha no exterior foram, além disso, em sociedades e economias ramificadas da Europa, na Austrália, Canadá, Rodésia e África do Sul[156]. Tampouco a Grã-Bretanha foi a única a seguir esse padrão. A França e a Alemanha também relutavam em colocar grande parte de seu capital na África, por exemplo[157], e o comércio com a África foi igualmente sem importância para as economias das potências imperiais europeias.

---

[154] WILKINS, Mira. *The History of Foreign Investment in the United States to 1914.* Cambridge, Mass.: Harvard University Press, 1989. p. 609.
[155] MATHIAS, Peter. *The First Industrial Nation:* An Economic History of Britain 1700-1914. 2. ed. Londres: Methuen, 1983. p. 300.
[156] *Ibid.*, p. 300.
[157] *Ibid.*, p. 107.

Às vésperas da Primeira Guerra Mundial, a Alemanha exportava mais de cinco vezes mais para um pequeno país como a Bélgica do que para seu próprio império colonial[158], que era maior que a própria Alemanha. A França também exportava dez vezes mais para a Bélgica do que para todas as suas vastas propriedades na África, que eram maiores do que o território da França. Das exportações totais da Alemanha para o mundo, menos de 1% foi para suas colônias na África[159]. Durante o período em que Lênin escreveu, e durante grande parte do restante do século XX, os Estados Unidos investiram mais no Canadá do que em toda a Ásia e África juntas[160].

Em suma, as enormes e heterogêneas categorias usadas no *Imperialismo*, de Lênin, escondiam evidências que mostravam exatamente o oposto do que esse clássico trabalho de propaganda afirmava. A ideia de que o mundo não industrial oferecia uma válvula de escape para o capital "excedente" do mundo industrial não pode se sustentar se as nações industriais estão investindo principalmente umas nas outras. Se a teoria marxista de acumulação de capital excedente estivesse correta, isso aumentaria suas pressões econômicas e sociais, em vez de aliviá-las.

O completo fracasso do *Imperialismo*, de Lênin, como obra de lógica, apenas enfatiza seu sucesso como propaganda. Convencer as pessoas da verdade de algo que é verdade por inferência lógica de evidências não requer talento nenhum na arte da propaganda. Mas convencer muitas pessoas altamente instruídas no mundo inteiro de uma teoria que é comprovadamente falsa, pelo uso de dados brutos, engenhosamente apresentados, é claramente um triunfo da propaganda comunista e faz do *Imperialismo*, de Lênin, um dos grandes clássicos dessa arte.

O marxismo-leninismo é o máximo em um padrão comum entre intelectuais com visões cósmicas – defesas altamente sofisticadas de equívocos primitivos. Nesse caso, o equívoco é que os ricos são ricos *porque* os pobres são pobres – que o que está envolvido, de uma forma ou de outra, é que a riqueza é extraída de muitos para o benefício de poucos, seja entre classes ou entre nações. Isso poderia fazer sentido se a riqueza fosse um jogo de soma zero, mas que tais teorias pudessem florescer em uma era em que a riqueza total da raça

---

[158] GANN, L. H. Economic Development in Germany's African Empire, 1884-1914. In: DUIGNAN, Peter; GANN, L. H. (orgs.). *Colonialism in Africa 1870-1960*, v. IV, p. 2,18.
[159] DUIGNAN, Peter; GANN, L. H. *Reflections on Imperialism and the Scramble for Africa. Ibid.*, v. I, p. 113.
[160] U.S. Bureau of the Census, *Historical Statistics of the United States*: From Colonial Times to 1870. Washington; D.C.: Government Printing *Office*, 1975. p. 870.

humana vem aumentando a um ritmo sem precedentes na história da espécie é tanto um triunfo da propaganda quanto um sintoma de algo no espírito humano que o torna suscetível a tal situação.

Aceitar a visão oposta – de que alguns se tornaram radicalmente melhores em produzir a riqueza viabilizada pela tecnologia moderna e que outros ficaram para trás na aplicação dessa tecnologia – é ameaçar os espíritos daqueles que ficaram para trás e privar seus salvadores em potencial de um papel dramático e histórico. Dizer que o gênio da propaganda floresce em um contexto específico não é denegri-la. Assim como florescem todas as outras conquistas.

Será que o próprio Lênin acreditou no argumento que apresentou em *Imperialismo?* À luz de suas muitas outras palavras e atos cínicos, é improvável. O fundamental, porém, é que ele estava comprometido com uma visão. Como disse Joseph Schumpeter (1883-1950): "A primeira coisa que um homem fará por seus ideais é mentir"[161]. Como a história também mostrou, especialmente no século XX, uma das primeiras coisas que um ideólogo fará depois de alcançar o poder absoluto é matar. Isso também faz parte da tirania das visões.

Reforma social

Não apenas teorias abrangentes, mas também movimentos de reforma mais limitados podem refletir visões cósmicas. Mais especificamente, os movimentos de reforma, muitas vezes, refletem a visão da justiça cósmica – oposição a uma situação considerada moralmente intolerável, independentemente de a reforma deixar em melhor ou pior situação os indivíduos presos nessa situação. Por exemplo, reformistas chocados com as condições de moradia nas favelas ou condições de trabalho no terceiro mundo, muitas vezes, proibiram por lei as condições de moradia que os ofendiam ou usaram proibições de importação ou difamação pública para impedir que empresas americanas importassem os produtos de trabalho em condições que ofendem os reformistas americanos.

Na grande era da reforma habitacional – final do século XIX, nos Estados Unidos –, as condições nas favelas eram realmente terríveis. A maior

---

[161] SCHUMPETER, Joseph A. *History of Economic Analysis.* Nova York: Oxford University Press, 1954. p. 43n.

parte das pessoas que viviam nas favelas urbanas do Norte naquela época eram imigrantes, muitos de países muito mais pobres do que os Estados Unidos e, eles próprios, muito mais pobres do que a maioria dos americanos. Esses imigrantes viviam amontoados em apartamentos pequenos e mal ventilados; geralmente três ou mais deles por quarto. Se tivessem sorte, todos compartilhavam um banheiro no corredor. Caso contrário, eles tinham de sair – independentemente do clima – para usar uma latrina externa. Em suma, não há dúvida de que as condições eram muito piores do que as condições de vida nas favelas cem anos depois e muito piores do que as condições nas quais gostaríamos de ver os seres humanos vivendo. Para os reformistas, como a noite segue o dia, as leis deveriam proibir tais condições e estabelecer padrões para a forma como os prédios de apartamentos seriam construídos, bem como os padrões de quanto espaço deve ser permitido por pessoa e outras características desejáveis que todas as habitações devem ter.

Nada é mais fácil do que concordar com esses reformistas que era injusto, em algum sentido cósmico, que algumas pessoas se vissem forçadas a viver como animais. No entanto alguns moradores de favelas não eram financeiramente incapazes de obter moradias melhores, mas viviam em prédios superlotados e degradados como forma de regatear e economizar dinheiro para mandar para suas famílias na Europa, fosse para alimentação ou moradia ou para comprar passagens a fim de se juntarem a eles na América. Algumas famílias economizavam dinheiro para prepararem um futuro melhor para si e seus filhos. O reformista-jornalista cruzado Jacob Riis (1849-1914), enquanto pintava um retrato desolador das favelas em que os imigrantes judeus viviam no *East Side* de Nova York, fez uma observação de passagem sobre seus pequenos ganhos, "dos quais mais da metade vai para o banco"[162].

Em suma, as pessoas estavam fazendo escolhas e compensações, por mais terríveis que tais escolhas pudessem ser aos olhos dos observadores – e por mais "injusto" que pudesse ser o fato de que tais escolhas tivessem que, antes de tudo, ser feitas quando tantos outros tinham opções muito melhores à sua disposição. Os tipos de reformas promovidas no século XIX não ampliaram as opções dos habitantes das favelas; ao contrário, reduziram-nas. Dado que melhores condições de moradia exigidas por lei custam mais, os imigrantes que passavam a habitar as favelas tinham que dedicar

---

[162] RIIS, Jacob. *How the Other Half Lives:* Studies Among the dents of New York. Cambridge, Mass.: Harvard University Press, 1970. p. 84.

um percentual maior de seus rendimentos à compra de moradias mais caras, com características que fossem mais agradáveis aos olhos dos observadores, em vez de fazer as compensações que eles próprios teriam preferido fazer com o próprio dinheiro.

Quando se considera a terrível pobreza e os riscos à vida e aos seus membros que os judeus enfrentavam, por parte das turbas, no Leste Europeu daquele período, havia, certamente, urgência no desejo dos judeus do *Lower East Side* de Nova York de alimentar seus entes queridos e trazê-los para os Estados Unidos, por mais que esse fato pudesse ser desconhecido ou ignorado pelos reformistas da habitação. Tampouco o desejo de economizar para um futuro melhor para os filhos era apenas uma esperança que fora abandonada, como mostrou a posterior ascensão dos judeus nos Estados Unidos.

O fato de as pessoas estarem literalmente morrendo de fome nas ruas da Irlanda durante a fome da batata[163] da década de 1840 também conferiu urgência ao desejo dos imigrantes irlandeses na América de fazer com que suas famílias se mudassem para o outro lado do Atlântico. No caso dos irlandeses, como com os judeus, a maior parte dos imigrantes atravessou o oceano com passagens pagas pelos membros de seus respectivos grupos que já viviam na América. O mesmo aconteceu com muitas pessoas de outros grupos de imigrantes. Algumas das piores condições de moradia foram enfrentadas por homens italianos, que moravam em até dez por quarto e enviavam dinheiro para a família na Itália.

Os reformistas que reagiram às favelas diante de seus olhos e ao seu próprio senso de injustiça social nada tinham que os forçasse a enfrentar as compensações que os moradores dessas favelas inevitavelmente enfrentavam. Mesmo o fato de os habitantes das favelas, muitas vezes, unirem-se aos seus senhorios para resistirem fisicamente a fim de não serem despejados pelas autoridades dos imóveis considerados "abaixo do padrão" não fez com que Jacob Riis ou muitos outros reformistas reconsiderassem se o que estavam fazendo defendia os interesses das pessoas cujos interesses estavam ostensivamente protegendo. É muito fácil para pessoas com nível de escolaridade mais alta acreditarem que sabem mais do quem está envolvido diretamente na situação.

É igualmente fácil para outros, cem anos depois, afirmarem, complacentes, que "no longo prazo" foi melhor essas favelas terem desaparecido para

---

[163] Trata-se da chamada "Grande Fome" da década de 1840, devido à falha na colheita da batata fruto de uma contaminação. (N. E.)

que a reforma habitacional fosse, por fim, um sucesso. De fato, os reformistas da época costumavam fazer comparações do "antes" e "depois" das moradias em que essas pessoas vivem, concluindo que as reformas melhoraram a situação delas. Entretanto as comparações estão muito longe de provar o que imaginam que elas provam.

O problema subjacente era a pobreza dos moradores das favelas. Suas moradias eram apenas um sintoma desse problema – na verdade, uma das maneiras de minimizar os efeitos de sua pobreza, deixando [sobrar] mais dinheiro para suprir suas necessidades alimentares, para ajudar os parentes que ficaram no exterior e para preparar a ascensão dos filhos na sociedade americana. A reforma habitacional em nada melhorou a minguada renda dessas pessoas. Pelo contrário, apropriou-se de parte desses já escassos recursos para fazer com que terceiros se sentissem melhor.

Não precisamos nos perguntar se as favelas do século XIX teriam persistido indefinitivamente sem as cruzadas pela reforma habitacional. Os cruzados do século XIX não deram a mesma atenção às moradias dos negros do sul do país e, mesmo assim, suas condições de moradia melhoraram, em uma geração, pelo menos tanto quanto as condições de moradia nas favelas dos imigrantes no norte do país. À medida que os negros adquiriam mais opções por meio do aumento de renda, suas condições de moradia também melhoravam na mesma proporção. Não há motivo para acreditar que os imigrantes eram incapazes de fazer a mesma coisa. De fato, o aumento na renda entre os imigrantes e seus filhos, com frequência, levou-os a adquirir moradias com padrões ainda mais altos do que o mínimo prescrito pelas leis aprovadas pelos reformistas habitacionais.

Praticamente a mesma história pode ser contada hoje a respeito dos reformistas que condenam as "fábricas exploradoras" em países do Terceiro Mundo que exportam seus produtos para os Estados Unidos, para serem comercializados nas lojas americanas. Nada mais fácil do que retratar essas lojas como "exploradoras" dos povos do Terceiro Mundo – e, com certeza, nada prejudicará mais essas pessoas do Terceiro Mundo do que perder uma de suas escassas oportunidades de ganhar a vida fabricando seus produtos por custos inferiores do que as pessoas mais afortunadas em nações mais industrializadas. Impor salários americanos ou condições de trabalho americanas a pessoas que não têm a produtividade americana significa tirar muitas dessas pessoas do emprego. Significa reduzir suas opções, em vez de aumentar essas opções.

Como tudo o que é feito na busca da justiça cósmica, isso faz com que os observadores se sintam melhor consigo mesmos — e não fornece incentivos para esses observadores examinarem as consequências de seus atos sobre os supostos beneficiários. Como em outros casos, os seres humanos são sacrificados à tirania das visões, porque os que são sacrificados não são os mesmos que se extasiam com a visão.

RESUMO E CONCLUSÕES

As visões são inevitáveis, porque os limites do nosso próprio conhecimento direto são inevitáveis. A questão fundamental é se as visões fornecem uma base para que teorias sejam testadas ou para que dogmas sejam proclamados e impostos. Grande parte da história do século XX foi marcada pela tirania das visões como dogmas. Os séculos anteriores testemunharam os despotismos de monarcas ou de conquistadores militares, mas o século XX testemunhou a ascensão de indivíduos e partidos governantes cujo passaporte para o poder foi o marketing bem-sucedido de visões. Quase por definição, tratava-se do marketing das *promessas* das visões, uma vez que o desempenho não podia ser julgado antes de alcançar o poder para colocar a visão em prática.

Em países afortunados o suficiente para ter meios democráticos para substituir os representantes de visões que falharam, essas visões poderiam ser substituídas por outras visões muito diferentes, como aconteceu na Inglaterra e nos Estados Unidos na década de 1980. Mas as visões mais dramáticas e abrangentes do século XX — os totalitarismos de direita e de esquerda — não permitiram tais reviravoltas, exceto pela guerra ou revolução. Entretanto, mesmo em nações democráticas, uma visão predominante pode sobreviver a muitos reveses e até desastres. O predomínio e o poder de uma visão são demonstrados não pelo que sua evidência ou lógica pode provar, mas precisamente por sua *isenção* de qualquer necessidade de apresentar evidência ou lógica — pelo número de coisas que podem ser afirmadas com êxito porque se encaixam na visão, sem precisar passar pelo teste de adequação aos fatos.

Quantas vezes já não se afirmou, por exemplo, que ideias opostas podem ter se adequado a "tempos anteriores, mais simples", mas que não mais se aplicam às "complexidades" do presente — sem que a menor evidência fosse exigida ou dada para mostrar que épocas anteriores eram de fato mais simples, sem um único passo de lógica para mostrar que ideias opostas eram mais aplicáveis naquele período do que agora e, o mais importante de tudo, sem jamais submeter um conjunto alternativo de ideias simultaneamente ao teste dos fatos ou da razão?

Entre as noções permanentemente populares para as quais não se pedem nem se dão evidências, a maioria demonstra ser presunçosa para aqueles que acreditam nelas. Por exemplo, durante muitos anos, era muito comum entre os liberais americanos a noção de que o *New Deal* de Roosevelt "salvou o capitalismo" – apesar de si mesmo –, ou seja, apesar dos capitalistas que se opunham à FDR e seus programas. Em outras palavras, os empresários estúpidos ou míopes iriam se destruir se não fosse pelos liberais visionários de Washington que os salvaram e pelo sistema econômico que possibilitou seu sucesso.

Poderia existir presunção maior? No entanto, apesar das inúmeras vezes que essa tese foi repetida na mídia e no meio acadêmico, seria praticamente impossível encontrar qualquer tentativa séria de apresentar evidências ou um argumento estruturado que a provasse. Como a economia americana sempre se recuperou das depressões anteriores, a afirmação de que teria se recuperado da depressão da década de 1930 por causa das políticas de Roosevelt está longe de ser óbvia. De fato, o que houve de peculiar na depressão da década de 1930 foi o tempo de sua duração – e aqui pode-se argumentar, como de fato se argumentou, que os constantes experimentos econômicos em Washington e sob FDR geraram uma atmosfera de incerteza, da mesma forma que essa incerteza inviabilizou a recuperação econômica[164], pois a incerteza inviabilizou a prosperidade econômica em países ao redor do mundo e em muitos períodos da história. A questão aqui não é afirmar que esta é a tese correta, apenas que ela usa evidências e lógica, como a visão predominante não faz e não precisa fazer.

Visões pujantes podem não apenas prescindir de fatos como podem desprezar, por anos a fio, os fatos mais evidentes. Durante a maior parte do século XX – ou melhor, durante a pior parte do século XX –, milhões de pessoas fugiram de países vistos favoravelmente pela *intelligentsia* para países vistos desfavoravelmente pela *intelligentsia*. Submeter teorias aos rigores do escrutínio lógico e da verificação empírica pode ser maçante, mas sujeitar populações inteiras às fantasias de intelectuais e políticos tem se mostrado repetidamente mortal. Essa lição foi escrita em sangue ao longo da história do século XX; certamente já passou da hora de lê-la.

---

[164] FRIEDMAN, Milton; SCHWARTZ, Anna J. *A Monetary History of the United States*: 1867-1960. Princeton: Princeton University Press, 1963. p. 495-496; JOHNSON, Paul. *A History* of *the American People*. Nova York: Basic Books, 1998. p. 752-759.

Mesmo em países afortunados o suficiente para escapar do totalitarismo ideológico que engoliu centenas de milhões de seres humanos neste século, experimentos econômicos e sociais grandiosos geraram fome em países que costumavam exportar alimentos e transformaram as grandes cidades em cenários de miséria física e moral, de onde seus próprios cidadãos fugiam.

Pode-se pensar que a ênfase aplicada aqui às visões é equivocada ou exagerada, porque muitas coisas que são politicamente ditas e feitas são motivadas por interesses próprios limitados, seja pelo interesse pessoal de políticos específicos ou pelos interesses de seus apoiadores financeiros ou políticos. Até que ponto a política é um conflito de interesses especiais, e não um conflito de visões, pode ser debatido? No entanto, mesmo quando o que está envolvido é fundamentalmente uma questão de interesses especiais, muitas vezes há um confronto com interesses especiais opostos, e o resultado prático pode muito bem depender da capacidade de cada lado em angariar apoio político mais abrangente. Aqui, o clima geral de opinião, incluindo a visão predominante que forma o pano de fundo para as opiniões de muitas pessoas sobre questões particulares, pode ser decisivo.

Se os líderes políticos dizem o que dizem por convicção ou por uma questão de conveniência importa pouco para esse argumento. O que será conveniente para um indivíduo depende daquilo no que os outros acreditam sinceramente. Mesmo as mentiras são eficazes apenas por serem consideradas verdades. É exatamente esse senso predominante do que é verdade e do que é certo – a visão – que determina o que será conveniente para aqueles que não se preocupam com uma coisa nem outra.

Embora seja conveniente referir-se às visões em termos dos pressupostos que personificam e das teorias às quais levam, bem como as hipóteses específicas que se seguem dessas teorias, nem todos analisam sistematicamente as visões dessa forma. Na verdade, uma das vantagens importantes de uma visão predominante é que ela é absorvida tão fácil e inconscientemente pelas pessoas ao nosso redor, sem que tenhamos que nos dar ao trabalho de refletir sobre ela. Uma visão predominante é, em uma comparação com o mundo da informática, a "configuração padrão" das nossas opiniões sobre toda uma gama de questões. É aquilo em que normalmente acreditamos quando não temos nenhuma razão especial para acreditar em outra coisa.

As pessoas em geral não têm tempo nem inclinação para investigar profundamente teorias e evidências, e menos ainda a experiência para fazê-lo de maneira eficaz. De fato, mesmo especialistas em áreas específicas podem ter pouco tempo ou inclinação para colocar à prova uma visão que se estende muito além de sua área. Em nossa própria especialidade, podemos ter aprendido pela experiência ou análise o quão falsa é a visão predominante em relação a uma questão específica nessa área, mas, quando nos voltamos para coisas que não fazem parte do nosso conhecimento especial, o mais fácil é aceitar aquilo em que "todo mundo" presume. Por exemplo, se estudarmos os efeitos reais do controle de aluguéis em países ao redor do mundo, é pouco provável que acreditemos em argumentos a favor de tornar a habitação "acessível" dessa forma, mas podemos continuar suscetíveis a outros argumentos baseados na visão predominante de que alimentos, assistência médica etc., devem se tornar "acessíveis" por meio de ações governamentais semelhantes.

A visão predominante, muitas vezes, parece tão natural e quase inevitável que, quando encontramos alguém que está claramente fora de sintonia com essa visão, é muito fácil descartar suas opiniões discordantes sobre uma questão referindo-se a outras nas quais ele também está em sintonia. Assim, a opinião da pessoa sobre o sistema nacional de saúde pode parecer suspeita ou não ser levada a sério porque "o que se pode esperar de alguém que é contra a moradia acessível para os pobres?" Em suma, a coerência intelectual torna-se objeto de condenação quando é coerente com um conjunto de pressupostos diferente daqueles incorporados à visão predominante. Dito de outra forma, a visão predominante não só não requer evidências como as substitui ao condenar visões alternativas, de modo que o verdadeiro critério não é qual teoria melhor se adequa a fatos empíricos, mas qual teoria melhor se encaixa na visão predominante.

As visões não são inerentemente dogmáticas e as ciências sociais não são inerentemente não científicas em seus métodos. Para explicar os níveis de dogmatismo e resistência aos fatos encontrados em muitos textos das ciências sociais – e ainda mais nas humanidades e na mídia popular – é necessário explorar quais propósitos são servidos por essas visões, por suas evasivas de evidências específicas e – particularmente no caso das humanidades – por denegrirem os próprios conceitos de evidência e de significado cognitivo. Da mesma forma, não só as conquistas específicas são difamadas como o próprio conceito de realização é denegrido ao ser rebaixado à condição de "privilégio", não apenas no que diz respeito às pessoas mas também em relação aos escritos que ganharam o respeito das sucessivas gerações de leitores, mas que agora são considerados "textos privilegiados" e tratados como escritos não mais dignos de atenção ou estudo especial do que a cultura popular do momento ou o que textos alternativos ideologicamente mais sintonizados com a época.

Assim como os tiranos da antiguidade deram ao povo pão e circo em troca da sua lealdade, as visões também podem adquirir uma influência tirânica sobre a mente das pessoas, oferecendo-lhes um sentido exaltado de si mesmos em troca de sua lealdade à visão em meio a todas as adversidades dos fatos em contrário. Essa autoexaltação pode assumir diversas formas em muitas questões.

Quer a questão específica seja a criminalidade, a segurança no trânsito, as estatísticas de renda, a defesa militar ou as teorias de superpopulação, a única coerência entre elas é que as conclusões alcançadas exaltam aqueles que compartilham a visão em detrimento da plebe que não o faz. O que mais provoca autoexaltação é assumir uma posição acima dos adversários, criando "equivalência moral" entre ditaduras agressoras e democracias defensivas ou entre espécies animais e seres humanos. No que diz respeito às questões de direito penal, teorias das "causas que estão na raiz" da criminalidade tendem a colocar criminosos e "sociedade" no mesmo plano moral, retratando crimes como os frutos de falhas da sociedade. Em suma, equivalência moral – em qualquer que seja a forma que assuma – é a autoexaltação moral. Seria de esperar uma grande coincidência entre as teorias e políticas que melhor servem a esse propósito pessoal, para aqueles com essa visão, também servirem a outros para cujo benefício aparente essas teorias e políticas são propostas.

Quão pouco importa o bem-estar dos aparentes beneficiários é demonstrado pela pouca atenção que, em geral, é dada para se testar as teorias, em um primeiro momento, logicamente, ou mais adiante, empiricamente, quando comparada com os incessantes esforços colocados em disseminar ou demonizar aqueles que propõem visões alternativas. É como um economista descreveu alguém que defendia apaixonadamente determinadas políticas econômicas sem ter os mais elementares conhecimentos de análise econômica e praticamente sem se preocupar com as consequências empíricas: "Ele não pergunta se é água ou gasolina que ele está jogando na fogueira da economia – só pergunta se o ato é bem-intencionado"[165].

De maneira análoga, alguns dos oponentes mais apaixonados do envolvimento americano na guerra do Vietnã, aparentemente em razão do

---
[165] ROGGE, Benjamin A. *Can Capitalism Survive?* Indianapolis: Liberty Press, 1979. p. 110.

sofrimento dos povos indochineses do conflito militar na região, não demonstraram o mesmo grau de preocupação com o destino desses povos depois que os americanos deixaram o país. Dois ex-radicais da década de 1960 afirmaram sobre seus companheiros que continuaram radicais:

> Sua amnésia moral lhes permitiu ignorar o fato de que mais indochineses foram mortos na Indochina nos dois primeiros anos da paz comunista do que em todos os lados do conflito em uma década da guerra anticomunista[166].

Embora muitos dos que se opuseram à guerra do Vietnã por razões humanitárias (entre os quais eu me incluo) tenham também, mais tarde, ficado horrorizados com o enorme e traumático êxodo de refugiados, fugindo do novo regime vietnamita, e mais ainda com o genocídio perpetrado pelo regime comunista vitorioso no Camboja, aqueles que se opuseram à guerra sob a perspectiva de uma visão ideológica não criaram tanta comoção pelos sofrimentos dos povos do Vietnã, Camboja, ou Laos depois das vitórias comunistas na Indochina. Como acontece em tantas outras questões, *o destino dos aparentes beneficiários nunca foi uma questão prioritária, se é que, em algum momento, chegou a ser uma questão*. Muito antes da guerra do Vietnã, os destinos de outros aparentes beneficiários tinham sido, inúmeras vezes, deixados de lado com expressões sobre "as dores crescentes de uma nova sociedade" ou "Não se pode fazer uma omelete sem quebrar os ovos". Era a visão que importava, não os seres humanos de carne e osso que eram vistos como eventuais baixas dessa visão.

O papel crucial da autoexaltação está na base da maneira como são vistos os que têm opiniões opostas. Não basta, por exemplo, retratar quem acredita na preservação da paz pela dissuasão militar como pessoas equivocadas, factualmente incorretas, ilógicas em suas análises ou perigosas em suas conclusões. Tudo isso, mesmo se fosse verdade, ainda as colocaria no mesmo plano moral que os visionários ungidos e submeteria ambos às mesmas exigências de evidência e lógica, pois seus argumentos são apresentados aos outros para que decidam. O que é necessário, do ponto de vista da autoexaltação, é descrever os defensores da dissuasão militar como não sendo "realmente" a favor da paz, como sedentos de sangue ou representantes venais de interesses especiais que desejam guerra para atingir objetivos próprios.

---

[166] COLLIER, Peter; HOROWITZ, David. *Deconstructing the Left: From Vietnam to the Clinton Era*. Los Angeles: Second Thoughts Books, 1995. p. 12.

De modo muito semelhante, não foi suficiente afirmar que os defensores da restrição judicial estão errados em suas premissas ou conclusões. Eles têm que ser retratados como seres insensíveis, aos menos afortunados, tendenciosos contra mulheres e minorias, e, além disso, moralmente indignos. O verbo "*to bork*"[167], foi acrescentado à língua inglesa em uma das mais extensas campanhas de demonização desse tipo.

A autoexaltação introduz um viés nas reflexões sobre muitas questões. Por exemplo, cria um interesse pessoal na incapacidade de outras pessoas. Ou seja, não há apenas uma tendência de ver as pessoas como indefesas, incapazes de se responsabilizarem pelas próprias ações, há também uma tendência a políticas e programas que de fato as reduzem a essa condição e induzem-nas a aceitarem essa imagem de si mesmas enquanto os visionários ungidos desempenham o papel de salvadores. Essa é apenas uma das maneiras pelas quais os visionários moralmente ungidos atendem aos egos dos ungidos, e não ao bem-estar dos aparentes beneficiários de seus esforços.

O desdém quase universal dos adeptos das visões cósmicas pela classe média – a burguesia – pode ser mais facilmente compreendido à luz do papel de visões como gratificação pessoal e licença pessoal[168]. As classes médias são, classicamente, pessoas com regras, tradições e autodisciplina, em um grau muito maior do que a classe abaixo delas ou as classes ricas e aristocráticas acima delas. Enquanto a classe baixa paga o preço de não ter a autodisciplina da burguesia – em muitos aspectos, que vão da pobreza ao encarceramento – os verdadeiramente ricos e poderosos costumam ignorar as regras, incluindo as leis, sem arcar com as consequências. Os defensores das visões cósmicas que tentam escapar de restrições sociais consideradas arbitrárias, em vez de inerentes, tendem a romantizar a indisciplina das classes mais baixas e a sensação de estarem acima das regras encontradas entre a elite.

Regras, tradições e autodisciplina representam a orientação das experiências essenciais de terceiros, ao invés dos pequenos prazeres baseados na percepção pessoal da visão de cada um. É quase axiomático que aqueles com visões cósmicas devam desdenhar da burguesia. Os visionários também devem desdenhar o tipo de sociedade que evolui, ao longo das gerações, através da

---

[167] Criado a partir do sobrenome do juiz Robert Bork, e que no linguajar inglês significa fazer intensa campanha difamatória de um candidato a cargo público na mídia. (N. E.)
[168] Uma pessoa que possui uma licença pessoal é legalmente responsável por autorizar a venda de álcool, de acordo com a Lei de Licenciamento de 2003. (N. E.)

experiência, em vez do tipo de sociedade que pode ser criada pela imposição de uma visão inspirada.

A autoexaltação *não* é inerente a todas as teorias ou a todas as visões. Por exemplo, teorias da economia *laissez-faire*, como as de Adam Smith, no século XVIII, ou de Friedrich Hayek, no século XX, não criam uma visão de uma elite moralmente ungida; na verdade, os dois autores disseram que os homens diferem menos que os cães[169]. Hayek, em particular, deu-se ao trabalho de elogiar as boas intenções de seus oponentes e dizer que as terríveis consequências que ele esperava de suas atividades eram o que havia de mais distante dos objetivos humanos que eles buscavam[170].

A visão arrogante de uma elite ungida não decorre do simples fato de que se trata de uma visão, mas do fato de si mesmos como pessoas moralmente ungidas entre aquelas que sustentam essa visão particular. Tal visão torna essa crença particular possível e, portanto, torna-se uma visão à qual seus devotos relutam em renunciar, mesmo diante de evidências existentes contra as visões que sustentam sua exaltação. Esforços desesperadamente engenhosos para contornar evidências específicas, ou para denegrir fatos e objetivos em geral, são consistentes com seu pesado investimento emocional em sua visão, que aparentemente é sobre o bem-estar dos outros, mas, em última análise, diz respeito a eles mesmos.

Não são as visões, como tal, que são inerentemente perigosas. O perigo são as visões *isoladas*. Nada produz isolamento da realidade de forma mais eficaz do que poder e dinheiro. Poder significa que decisões baseadas na visão predominante se sobrepõem às decisões, crenças ou evidências de outros, independentemente dos fatos, quaisquer que sejam eles. Dinheiro significa que o apoio às conclusões ideologicamente preferidas pode ser adquirido não apenas de "mercenários", mas também a partir do financiamento das pesquisas e textos de indivíduos comprometidos com o mesmo ponto de vista, por quaisquer razões, enquanto aqueles que discordam ficam sem financiamento.

Enquanto a tirania das visões atingiu seu auge (ou o fundo do poço) em regimes totalitários do século XX, as longas, caras, dolorosas – e, em última análise, bem-sucedidas – lutas contra tais regimes não acabaram com a tirania das visões. Essa tirania tornou-se agora parte das nações democráticas

---

[169] SMITH, Adam. *On the Nature and Causes of the Wealth of Nations*. Nova York: Modern Library, 1937. p. 16; HAYEK, F. A. *The Collected Works of F. A. Hayek, Vol. I:* The Fatal Conceit: The Errors of Socialism. In: BARTLEY III, W. W. (org.). Chicago: University of Chicago Press, 1988. p. 79.
[170] HAYEK, F. A. *The Road to Serfdom*. Chicago: University of Chicago Press, 1970. p. 137. Edição brasileira: O Caminho da servidão. 2ª Ed., São Paulo: LVM Editora, 2022.

ocidentais propriamente ditas. De fato, o esforço para impor essa tirania de maneira cada vez mais ampla nos Estados Unidos levou a tendências que só podem ser chamadas de revogação silenciosa da Revolução Americana.

[CAPÍTULO 4]

CAPÍTULO 4

A silenciosa revogação da Revolução Americana

Pela rude ponte que arqueira o dilúvio,
A bandeira à brisa de abril desfraldada,
Aqui onde os fazendeiros armados se ergueram,
E disparou-se o tiro ouvido em todo o mundo.
— RALPH WALDO EMERSON

A Guerra Revolucionária pela independência americana não foi apenas um marco na história dos Estados Unidos. Foi um marco na história do mundo – em especial, um marco na história da evolução das sociedades livres e democráticas. Sua importância internacional foi simbolizada pela doação da Estátua da Liberdade pela França aos Estados Unidos no centésimo aniversário da Declaração de Independência e, mais de um século depois, pela criação de uma réplica dessa estátua na China por manifestantes que tentaram, em vão, criar um governo livre e democrático no país.

A Revolução Americana foi, de certa forma, a mais abrangente de todas as grandes revoluções da história. Outras revoluções podem ter tido uma retórica mais abrangente, ou maiores extremos de violência e terror, ou reivindicações mais categóricas de mudança. Elas podem até ter realizado mudanças mais radicais de pessoas, como na mudança de governantes czaristas para governantes comunistas em Moscou, enquanto substituíam uma forma de despotismo autocrático por outra, ainda mais sangrenta.

A Revolução Americana, no entanto, foi mais longe ao rejeitar uma concepção básica de homem e de sociedade que remonta a milhares de anos e que ainda hoje está conosco. Ao longo dos séculos, pessoas das mais diversas inclinações filosóficas agiram como se o necessário fosse substituir as falsas doutrinas por doutrinas verdadeiras e os falsos líderes por líderes verdadeiros – os pagãos pelos fiéis, os capitalistas pelos socialistas, a monarquia pela república, e assim por diante. Mas, ao contrário da Revolução Francesa ou da Revolução Bolchevique, por exemplo, a Revolução Americana e constituição dela resultou não se concentraram em uma mudança no elenco de personagens em altos cargos, nem em uma mudança na sua linguagem política ou pauta política imediata. Sua preocupação central era criar *processos* que permitissem limitar e substituir quem quer que ocupasse os lugares de poder. Em suma, não fingia ter uma verdade doutrinária; mas, em vez disso, implicava um profundo ceticismo de que alguém poderia ter o monopólio da verdade doutrinária ou retidão moral ou intelectual a ponto de estar isento de restrições, condenações ou destituição do cargo por seus semelhantes.

O que a Constituição americana criou não foi apenas um sistema particular, mas um processo para modificar sistemas, práticas e líderes, juntamente a um método para restringir quem ou o que quer que estivesse em ascensão em um determinado momento. Do lado positivo, o que a Revolução Americana fez foi dar ao homem comum voz, poder de veto, margem de manobra e um refúgio das presunções descontroladas de seus "melhores". É por isso que não foi simplesmente um fenômeno nacional; ao contrário, foi visto por outros, no mundo inteiro, como um marco na luta geral pelas liberdades humanas.

É também por isso que deve ser combatido por aqueles com visões mais ambiciosas – *mesmo que não sintam conscientemente qualquer animosidade contra as liberdades constitucionais* –, porque, em caso após caso, essas liberdades ficam entre os moralmente autoungidos e a realização de sonhos que têm grande importância para eles. Alguns desses sonhos giram em torno da busca pela justiça cósmica, na qual as restrições constitucionais podem ser vistas como meras questões técnicas a serem aperfeiçoadas. Outros sonhos podem envolver ambições pessoais que só podem ser concretizadas em um tipo de sociedade muito diferente daquela estabelecida pela Constituição dos Estados Unidos. Ego e ideais, é claro, não se excluem mutuamente, mas podem facilmente existir no mesmo indivíduo, que pode até confundir uma coisa com a outra.

Um quarto de século antes de proferir o discurso de Gettysburg, Abraham Lincoln fez outro discurso, muito menos famoso, mas altamente relevante para nosso tema e nossos tempos. Em um discurso de 1838, realizado em Springfield, Illinois, Lincoln perguntou onde os futuros riscos para a liberdade e segurança do povo americano poderiam ser encontrados. O perigo não estava em inimigos estrangeiros, afirmou, mas em ameaças internas. Se e quando os princípios fundamentais e a estrutura do governo americano fossem atacados, "homens de talento e ambição suficientes não vão querer aproveitar a oportunidade" e "desferir um golpe" contra um governo livre[171].

O que há de particularmente significativo sobre a advertência de Lincoln é o fato de ela ter sido baseada em uma visão de como são os seres humanos, em especial, como são os líderes talentosos e ambiciosos. Para Lincoln, a conquista histórica da sociedade americana ao definir uma nova forma de governo no mundo corria perigo diante das elites que viriam posteriormente, precisamente porque essa conquista já era história:

> O campo da glória foi plantado e a colheita já está pronta. Mas novos ceifeiros surgirão, e *eles*, também, buscarão um campo. Supor que homens de ambição e talentos não continuarão a surgir entre nós é negar o que a história do mundo nos diz que ser verdade. E, quando o fizerem, eles buscarão a gratificação de sua paixão dominante com a mesma naturalidade que outros fizeram antes deles. A questão é: essa gratificação pode ser encontrada no sustentar e manter um edifício que foi erguido por outros? Certamente que não[172].

Embora as ambições de alguns possam ser satisfeitas com "um assento no Congresso, um cargo no governo ou na presidência", afirmou Lincoln, *"isso não pertence à família do leão ou à tribo da águia"*. E acrescentou:

> O quê! Você acha que esses lugares satisfariam um Alexandre, um César ou um Napoleão? – Jamais! Um gênio imponente despreza um caminho batido. Busca regiões até então inexploradas. – Não vê *distinção* em somar história à história sobre os monumentos da fama erigidos à memória de outros. *Nega* que seja glória suficiente servir sob qualquer chefe. *Despreza* pisar nas

---

[171] LINCOLN, Abraham. The Perpetuation of Our Political Institutions: Discurso proferido diante do Young Men's Lyceum of Springfield, Illinois, January 27, 1838, *Abraham Lincoln: His Speeches and Writings*. In: BASLER, Roy P. Nova York: Kraus Reprint, 1981. p. 80.
[172] *Ibid.*, p. 82.

pegadas de *qualquer* antecessor, por mais ilustre que seja. Tem sede e arde por reconhecimento; e, se possível, ele a terá, seja à custa da emancipação de escravos ou da escravidão de homens livres[173].

Lincoln acreditava ser inevitável o surgimento de algum líder perigoso para as instituições básicas da sociedade americana. Proteger essas instituições exigiria um público suficientemente unido, suficientemente apegado à liberdade e suficientemente inteligente para "frustrar com sucesso seus desígnios"[174]. Hoje também seria necessário um público suficientemente resistente a incessantes críticas e condenações da sociedade por não conseguir alcançar a justiça cósmica. Além disso, se os perigos dos nossos tempos se limitassem aos homens "de gênio imponente", haveria muito menos perigo do que de fato existe. No entanto bastam presunções imponentes, que são cada vez mais produzidas em massa em nossas escolas e faculdades pelo modismo educacional de encorajar estudantes imaturos e inexperientes a julgar emocionalmente a complexa evolução de eras inteiras e de vastas civilizações.

Os líderes políticos não são os únicos com interesse em se opor à estrutura existente da sociedade americana, exatamente porque *é* a própria estrutura existente, de modo que apoiá-la não aponta caminhos para o tipo de glória que buscam. A *intelligentsia* tem exatamente os mesmos incentivos que os políticos napoleônicos, mesmo que a glória que buscam não seja necessariamente o poder político direto em suas próprias mãos, mas apenas o triunfo de suas doutrinas, o reordenamento da vida de outras pessoas de acordo com suas visões, uma exibição do próprio virtuosismo intelectual, ou simplesmente uma postura de ousadia no papel de um dândi verbal. A maneira mais fácil para alcançar todos esses objetivos é desdenhar do caminho já percorrido, como disse Lincoln, e atacar ou minar a estrutura fundamental do sistema político americano e sua sociedade.

Uma estudante de direito de Stanford, que atua em uma das muitas organizações dedicadas aos "direitos dos presos", nos fornece um exemplo típico. Ela afirmou: "A questão me atrai exatamente porque os presos são considerados excluídos em nossa sociedade", acrescentando, "Precisamos procurar saber por que uma pessoa não pode funcionar nesta sociedade, o que há nesta

---

[173] *Ibid.*, p. 83.
[174] *Ibid.*, p. 83.

sociedade"[175]. Nessa formulação – comum entre a *intelligentsia* –, as pessoas estão na cadeia porque não *podem* funcionar *nesta* sociedade. Não é que elas não *escolham* funcionar, mas optam por atacar os outros e cometer atos que são crimes em todos os tipos de sociedades ao redor do mundo. Normalmente, não se solicitam ou se fornecem nem evidência nem lógica para essas acusações gerais à "sociedade" ou para uma visão não julgadora de criminosos. É simplesmente parte do *zeitgeist* e um atalho para a diferenciação – glória barata – em tomar uma posição contra a "sociedade".

Infelizmente, o que muitos chamam de "sociedade" é, na verdade, civilização. Ninguém se opõe abertamente à civilização americana, nem mesmo secretamente trama seu fim. Muitos dos que buscam uma visão de justiça cósmica simplesmente assumem uma postura de oposição às tradições, a moral e às instituições que tornam possível a sobrevivência dessa civilização. Os pré-requisitos da civilização não são um assunto interessante para aqueles que se concentram nas próprias limitações – ou seja, o que existe atualmente como frutos de séculos de esforços e sacrifícios é inferior ao que eles podem produzir em sua imaginação instantaneamente e a custo zero, no conforto e segurança proporcionados pela sociedade que desprezam. O que de outra forma seria uma idiossincrasia puramente pessoal torna-se socialmente nefasto quando gera toda uma visão de mundo em que situações muito reais e, com frequência, muito dolorosas são tratadas como se fossem totalmente diferentes do que são de fato.

Tal é a visão da justiça cósmica. Além de seus outros perigos, a busca pela justiça cósmica é incompatível com os princípios fundamentais da Revolução Americana – o Estado de Direito, a liberdade individual e o governo democrático.

O ESTADO DE DIREITO

As leis não são meros decretos sustentados pelo poder de colocá-las em prática. Todas as sociedades proclamam deveres e proibições que estão preparadas para fazer cumprir, mas nem todas as sociedades se caracterizam pelo Estado de Direito. Nem a tirania individual de um déspota nem a tirania

---

[175] SITTENFELD, Curbs. Law Students Campaign for Rights of Prisoners. *The Stanford Daily*, Nov. 7, 1995, p. 12.

coletiva de um partido político totalitário sob o comunismo ou o fascismo representam o Estado de Direito, embora possa haver muitas leis específicas nas duas formas de governo. O Estado de Direito – "um governo feito de leis, não de homens" – implica regras *conhecidas a priori*, aplicadas de maneira geral, e que restrinjam tanto governantes quanto governados. Liberdade implica *isenções* do poder dos governantes e uma correspondente limitação no escopo de todas as leis, mesmo as dos governantes democraticamente eleitos. "O Congresso não fará lei alguma" – diz a Primeira Emenda à Constituição dos Estados Unidos, começando a estabelecer algumas das isenções às leis que constituem o direito à liberdade. Democracia implica a sansão da maioria como base para as leis, mas a democracia, em si, não tem implicação alguma sobre a liberdade ou sobre o Estado de Direito. Uma maioria pode destruir a liberdade de uma minoria ou tornar a emissão de decretos tão arbitrária e discriminatória quanto desejar. A negação sistemática dos direitos dos negros americanos nos estados do Sul durante a era Jim Crow foi um exemplo clássico de despotismo democrático.

Entre as forças que conduzem os governos democráticos a uma expansão de seus poderes para além do ponto em que esses poderes ameaçam a liberdade está o fato de que não apenas pessoas de grande gênio ou grandes presunções, mas também pessoas de grandes ambições têm um interesse velado nessa expansão. Como afirmou Alexis de Tocqueville: "Pode-se facilmente ver que quase todos os membros capazes e ambiciosos de uma comunidade democrática se esforçarão incessantemente para ampliar os poderes do governo, porque todos eles esperam, em algum momento, exercer esses poderes"[176]. No mínimo, eles conseguem facilmente imaginar a si mesmos e a outros de inclinação semelhante "governando o país", com todo o desrespeito casual pela liberdade individual de terceiros que isso implica.

Se as regras gerais, conhecidas *a priori*, estão no cerne do Estado de Direito, então tais regras são inerentemente incompatíveis com a justiça cósmica. Essa incompatibilidade inerente manifesta-se de diversas maneiras, inclusive em questões que envolvem igualdade de tratamento, direitos de propriedade, ônus da prova e o papel geral dos juízes na aplicação das leis.

---

[176] TOCQUEVILLE, Alexis de. *Democracy in America*. Nova York: Alfred A. Knopf, 1966, v. II, p. 367-368. Edição brasileira: A Democracia na América. São Paulo: Edipro, 2019. (N. E.)

Processos iguais versus resultados iguais

Regras que podem ser aplicadas igualitariamente a todos não são o mesmo que regras com igual impacto em todos. Anatole France retratou a distinção em seu famoso comentário sarcástico: "A lei, em sua majestosa igualdade, proíbe que tanto ricos quanto pobres durmam debaixo de pontes, mendiguem nas ruas e roubem pão". Na atual doutrina jurídica americana, isso é chamado de "impacto desproporcional". Muitos atos e políticas públicas e privadas com impactos desproporcionais em diferentes segmentos da população são proibidos por serem considerados discriminatórios, mesmo quando esses atos e políticas aplicam os mesmos procedimentos e padrões a todos[177]. No entanto, na história, um entendimento de que regras iguais não significam consequências iguais remontam a um momento muito anterior ao surgimento da doutrina do impacto desproporcional de 1971 ou à observação de Anatole France em 1894. Tampouco esse entendimento se restringiu à esquerda política. No contundente *Reflections on the Revolution in France*, Edmund Burke afirmou que "todos os homens têm direitos iguais; mas não às mesmas coisas"[178]. James Fitzjames Stephen apontou em 1873 que todas as leis e todas as regras morais, sendo proposições gerais, "devem repercutir indiscriminadamente, não igualmente"[179].

Em suma, o conflito inerente entre regras iguais e resultados iguais é reconhecido, na teoria, há pelo menos dois séculos, embora muitos de nossos contemporâneos proclamem, como se fosse alguma nova descoberta ou um *insight* mais profundo, que leis "formalmente" iguais podem afetar diferentes grupos de maneira diferente. A partir disso, concluem que a igualdade "real" deve suplantar a igualdade meramente formal – o que significa que a justiça cósmica deve estar acima da justiça tradicional. Uma expressão comum dessa visão é que "a igualdade perante a lei sem oportunidades

---

[177] Um marco histórico no desenvolvimento dessa doutrina foi o caso *Griggs v. Duke Power Co.*, 401 U.S. 424 (1971). Todos os candidatos a empregos na Duke Power Company tiveram que ser submetidos a um teste que foi unanimemente discriminatório contra candidatos negros, uma vez que um histórico de educação precária oferecida aos negros nas escolas estaduais, adeptas da segregação racial, fazia com que sua probabilidade de reprovação no teste fosse maior do que a dos brancos. O histórico de discriminação racial da Duke Power pode muito bem ter sugerido aos juízes que esse teste era um subterfúgio para dar continuidade à discriminação, ainda que sob o disfarce de aparente neutralidade.
[178] BURKE, Edmund. *Reflections on the Revolution in France*. Nova York: Everyman's Library, 1967. p. 56. Edição brasileira: *Reflexões sobre a Revolução na França*, São Paulo: Edipro, 2014. (N. E.)
[179] STEPHEN, James Fitzjames. *Liberty, Equality, Fraternity*. Indianapolis: Liberty Fund, 1993. p. 170.

econômicas, políticas e social é um escárnio"[180]. O fundamental neste momento não é se concordamos ou discordamos em relação a uma ou outra dessas concepções, mas que entendamos com clareza que elas são *mutuamente incompatíveis*, que suas contradições fundamentais não podem ser misturadas nem aperfeiçoadas.

Grande parte da história jurídica das últimas décadas tem sido um emaranhado confuso de casos da Suprema Corte que tentam conciliar esses princípios irreconciliáveis, especialmente em casos envolvendo ação afirmativa, que produziram muitas decisões de 5 a 4, casos decididos de forma oposta pelos mesmos nove juízes da Suprema Corte, e casos sem maioria dada para uma determinada decisão, mas apenas deslocando maiorias para seções específicas da decisão. Com muita frequência, essa confusão é transformada em virtude com alegações de que a "complexidade" das questões impediu uma escolha "simplista". Mas irreconciliabilidade não é complexidade. Nem as tentativas de resolver um problema impossível são sinais de uma percepção mais profunda. De forma mais geral, também *não* há razão *a priori* para preferir resoluções complexas a resoluções mais simples pois, como disse Aristóteles, "quase sempre é mais difícil acreditar naquilo que é verdadeiro e naquilo que é melhor"[181]. Em suma, a verdade, muitas vezes, parece "simplista" se comparada com tentativas rebuscadas de evitar a verdade.

A diferença entre o tratamento igualitário da justiça tradicional e os resultados iguais ou perspectivas iguais da justiça cósmica afeta muitos outros tipos de questões. Da perspectiva daqueles que buscam a justiça cósmica, liberdade de expressão não significa simplesmente a dispensa do controle governamental sobre o conteúdo, mas inclui também *meios* de fazer seu discurso ser ouvido. Em outras palavras, requer mais intervenção governamental, e não menos, de modo a forçar alguns cidadãos a disponibilizarem recursos para permitir que outros cidadãos exerçam seus direitos de liberdade de expressão.

Assim, shopping centers, aeroportos e até mesmo empreendimentos habitacionais privados foram forçados a abrir mão dos seus direitos, como proprietários, de manter afastados os intrusos e, em vez disso, são forçados a permitir que pessoas distribuam panfletos ou peçam dinheiro em suas propriedades, em desrespeito aos desejos daqueles que querem

---

[180] WILSON, Margaret Bush. Reflections on Discrimination in the Private Sector. *Washington University Law Quarterly*, v. 1979, p. 783.
[181] ARISTOTLE. *"Rhetoric", The Basic Works of Aristotle*. In: MCKEON, Richard (org.). Nova York: Random House, 1941. p. 1328. Edição brasileira: *Retórica*. Edição especial. São Paulo: Edipro, 2017. (N. E.)

usar esses shoppings, aeroportos ou empreendimentos habitacionais privados para os propósitos para os quais foram projetados e construídos, sem serem perturbados ou assediados. Os defensores da visão cósmica da justiça também são a favor de forçar as emissoras de rádio e televisão a doarem, ou venderem abaixo do preço de mercado, tempo para mensagens políticas ou para a transmissão do que alguns optam por definir como programação de "utilidade pública".

Dentro do sistema americano de governo constitucional, tradicionalmente uma nítida distinção tem sido estabelecida entre as ações proibidas ao governo e as ações que indivíduos ou organizações privadas podem praticar. No âmbito da justiça tradicional, onde os direitos constitucionais são essencialmente isenções do poder do Estado, os direitos à igualdade de tratamento ou à liberdade de expressão ou de religião se aplicam onde há "ação do Estado", mas não quando existem apenas indivíduos ou organizações privadas envolvidas. Assim, em tese, uma pessoa privada pode expulsar de sua casa qualquer um que use a palavra "brócolis", mas seria uma violação do direito constitucional à liberdade de expressão o governo proibir o uso dessa palavra, fosse em geral ou apenas dentro dessa casa específica.

Podemos considerar o proprietário que ordenou que as pessoas saíssem de sua casa por pronunciarem a palavra "brócolis" como um indivíduo, na melhor das hipóteses, excêntrico e certamente irracional, senão de sanidade questionável. Mas o propósito dos direitos é que, dentro de uma ampla margem de limites, aqueles que exercem esses direitos não têm que satisfazer os outros no que diz respeito à sabedoria ou à virtude de suas decisões.

Porém, na estrutura conceitual da justiça cósmica, isso tudo muda radicalmente. O fato de um determinado grupo não receber justiça, seja como resultado de ações governamentais ou privadas, é visto como secundário, se for relevante. Em nenhum lugar isso se fez sentir mais intensamente do que em questões que envolvem discriminação racial. Nesse sentido, com frequência, insiste-se que todos têm direito a tratamento igualitário e que "cada grupo precisa defender e insistir para receber a sua parte" e que esses aspectos caracterizam "um fracasso do setor privado em abordar corretamente essa questão"[182].

---

[182] WILSON, Margaret Bush. Reflections on Discrimination in the Private Sector. *Washington University Law Quarterly*, v. 1979, p. 784,785.

A essa altura, com o nosso foco sobre a estrutura conceitual da lei, e não nos méritos de uma determinada legislação ou políticas, o que mais importa não são os méritos ou deméritos dessas questões jurídicas específicas e decisões judiciais como política social, mas sim como tudo isso afeta a manutenção do Estado de Direito. Direitos constitucionais que são essencialmente exceções do poder do governo sob conceitos tradicionais de justiça tornam-se razões para uma maior ampliação do poder governamental no âmbito dos conceitos cósmicos de justiça. A justiça cósmica não pode ser alcançada com "um governo de leis, e não de homens" que simplesmente define uma estrutura jurídica dentro da qual os indivíduos são livres para tomar as próprias decisões e organizar suas próprias transações voluntárias sobre quaisquer termos mutuamente aceitáveis. Para a justiça cósmica, alguém precisa *supervisionar* os resultados sociais dessas transações individuais e intervir diretamente para garantir que os resultados ou as perspectivas sociais desejados sejam providenciados.

Muito foco na conveniência dos diversos resultados que estão sendo buscados desvia a atenção da mudança fundamental nos processos necessários para que se obtenham esses resultados. Metáforas sobre como a "sociedade" deveria "organizar"[183] este ou aquele resultado escapam à realidade institucional de que deve haver alguém com autoridade para restringir a liberdade de outras pessoas – e, assim, evitar a necessidade de ponderar se o valor esperado do resultado que se procura, considerando-se as chances de alcançá-lo, é maior ou menor do que o valor esperado da perda de liberdade que esse esforço acarreta.

E mais, enquanto a justiça tradicional envolve regras de interação entre seres humanos de carne e osso, a justiça cósmica lida com categorias abstratas, cujas perspectivas ou resultados devem ser ajustados a gosto de terceiros. Essas abstrações atravessam gerações e as reivindicações coletivas que são feitas vão desde o irredentismo territorial até a ação afirmativa e reparações a grupos. Uma vez que as pessoas envolvidas nessas abstrações intertemporais nunca estão todas presentes como seres humanos de carne e osso em um dado momento, é impossível para elas resolverem suas preocupações envolvendo-se em transações voluntárias, de modo que algum poder superior precisa, em algum momento específico no tempo, pronunciar-se sobre suas diferenças e impor uma "solução".

---

[183] RAWLS, John. A *Theory of Justice*. Cambridge, Mass Harvard University Press, 1971. p. 60, 61, 302.

A coletivização de decisões de outra forma individuais e a transferência do poder de tomar e impor essas decisões coletivas a algum indivíduo ou instituições substitutas têm outras consequências. Por exemplo, esses tomadores de decisão substitutos são agora moralmente responsáveis pelas consequências particulares de decisões particulares, em vez de serem simplesmente árbitros responsáveis por manter uma determinada estrutura de regras gerais. Ao contrário do cosmos, esses tomadores de decisões podem levar a culpa pela infelicidade que poderia ser evitada.

Infelizmente, a inerente escassez de recursos significa que todos os males que são evitáveis em série não são evitáveis simultaneamente. Assim, a aparente capacidade da "sociedade" de prevenir males específicos excede consideravelmente sua capacidade de realmente prevenir esses mesmos males ao mesmo tempo. Uma consequência disso é que agora há mais razões para vários segmentos da sociedade lutarem politicamente entre si, e talvez fisicamente, por benefícios que antes eram compartilhados pacífica e inconscientemente por meio de operações comuns do mercado.

A questão não é simplesmente se a justiça – qualquer que seja a sua definição – do resultado é melhor ou pior sob a tomada de decisão individual autônoma ou sob a tomada de decisão substituta coletiva. O que também deve ser levado em conta é a diferença nos respectivos *custos* necessários para se alcançar esses diferentes resultados, incluindo tanto o conflito social quanto a perda da liberdade individual. Além disso, a justiça do resultado não pode ser independente desses custos, uma vez que "justiça a qualquer custo" não é justiça. E mais: a concentração do poder político cria perigos que a história do século XX demonstrou de maneira muito trágica.

Há muitos exemplos de restrições impostas à liberdade de alguns a fim de produzir justiça cósmica para outros. Mais especificamente, da perspectiva da sociedade como um todo, [pode-se citar] a fragilização do Estado de Direito com o objetivo de alcançar determinados resultados. Por exemplo, a Comissão de Igualdade de Oportunidades de Emprego dos Estados Unidos (*Equal Employment Opportunity Commission*, EECO) determinou que as desigualdades de oportunidades de emprego decorrentes de transtornos mentais devem ser contrabalançadas por políticas governamentais, de modo que os empregadores não tenham permissão para "discriminar" os doentes mentais nas contratações. Assim, perguntas sobre internação anterior em um hospital psiquiátrico não são permitidas durante uma entrevista de emprego sob as diretrizes da Comissão e, uma vez contratados, as necessidades especiais dos trabalhadores com doenças mentais devem ser "razoavelmente" acomodadas pelo empregador. Por exemplo, divisórias podem ter que ser instaladas ao redor de um trabalhador com esquizofrenia que se distrai com facilidade, e até mesmo desconsiderar erros na avaliação da execução das tarefas de trabalho para outros. Em suma, os doentes mentais são outro grupo que sofre de deficiências "sem ter culpa própria alguma", que precisam ser compensadas à custa de terceiros – o que pode incluir desastres pessoais ou sociais, bem como perdas financeiras.

O tratamento preferencial é indicado aos doentes mentais em nome da igualdade – ou na ausência de "discriminação" – uma vez que *equaliza* o tratamento a fim de contrabalançar desvantagens imerecidas. A expressão "justiça cósmica" parece ser particularmente mais apropriada aqui do que "justiça social", uma vez que não se faz nenhuma alegação de que a doença mental deva ser o resultado de decisões sociais ou de condições sociais, embora tais deficiências ainda sejam injustas do ponto de vista do tipo de cosmos que preferiríamos se essas questões estivessem em nossas mãos.

Como já observamos, uma das características do Estado de Direito é que os requisitos legais sejam conhecidos antecipadamente. Muitas leis, como as que lidam com a vadiagem, foram invalidadas pelos tribunais de apelação com base na doutrina da "nulidade por imprecisão", sob o argumento de que elas não podem ser conhecidas antecipadamente pelo cidadão. Entretanto, cada vez mais, os tribunais vêm permitindo a apresentação de leis e políticas que buscam a "justiça social" ou a justiça cósmica, mesmo quando não há como os indivíduos submetidos a essas leis saberem com antecedência se as violaram ou não. Por exemplo, um empregador de uma pessoa com histórico de transtorno mental ou incapacidade física não tem como saber de antemão se o que proporcionou como benefício especial a esse empregado constitui uma "adaptação razoável" para tal transtorno ou deficiência. Esse conhecimento só pode ser obtido *a posteriori*, quando um tribunal decide se concede ou não milhões de dólares a título de indenizações ao empregado e aos advogados dele.

Um empregador não pode evitar uma acusação de discriminação racial apenas tratando todos os empregados e todos os candidatos ao emprego da mesma forma, independentemente da sua raça. As estatísticas de "impacto desproporcional" ajudarão a determinar *a posteriori* se a conduta do empregador é considerada discriminatória em relação às minorias – ou se representou "discriminação reversa" contra alguns membros da população majoritária. *A priori*, geralmente não há como saber qual seria o resultado de um processo no tribunal. Em suma, não existe um Estado de Direito. Isso não decorre de alguma deficiência na forma de redação ou aplicação de leis específicas. É inerente ao processo da busca de justiça cósmica, uma vez que as regras gerais podem produzir somente resultados indiscriminados, resultados não iguais ou que se encaixem em alguma noção preconcebida de "diversidade".

Expressões imprecisas, como acomodar "razoavelmente" pessoas com deficiência, não são meros lapsos verbais. *Não há como especificar regras gerais precisas, conhecidas de antemão, o que poderia ser necessário para alcançar resultados que atenderiam aos padrões da justiça cósmica.* Em suma, não pode existir um Estado de Direito para essas coisas, e os tribunais que buscam justiça cósmica não podem mais abolir leis com a justificativa da doutrina de "nulidade por imprecisão". Esses decretos não são vagos por acaso, eles são necessariamente vagos. E não poderiam ser de outra forma. Pois assim a "discriminação" não pode ter um significado prospectivo claro, como aplicar padrões diferentes a membros de grupos diferentes ou submeter alguns a processos mais onerosos do que outros. Para fins de justiça cósmica, a "discriminação" precisa ser definida por resultados retrospectivos, sejam eles "impacto desproporcional", "ambientes hostis" ou uma falha em oferecer "acomodação razoável". Essa é apenas uma das muitas maneiras pelas quais a busca da justiça cósmica é incompatível com o Estado de Direito.

Muitas vezes, a indignação pública concentra-se em políticas específicas, como as da Comissão de Igualdade de Oportunidades de Emprego dos Estados Unidos (*Equal Employment Opportunity Commission*, EECO) no que diz respeito à contratação de portadores de transtornos mentais, quando, na verdade, é a erosão mais geral do próprio Estado de Direito que constitui o dano real que é maior do que a soma de todos os danos particulares criados por todas as políticas particulares e decisões judiciais em que essa erosão é incorporada. Uma penumbra crescente de incerteza em torno das leis em geral torna os tribunais lugares perigosos para cidadãos honestos e uma ameaça que os desonestos podem usar para extorsão legalizada. Talvez o mais pérfido de tudo, a perda de confiança na lei e nos tribunais mina a moral cívica e a coesão da sociedade como um todo.

Em suma, a justiça cósmica tenta criar resultados iguais ou perspectivas iguais, com pouca ou nenhuma consideração se os indivíduos ou grupos envolvidos se encontram em circunstâncias iguais ou têm capacidades iguais ou impulsos pessoais iguais. Para fazer isso, não pode operar sob regras gerais, a essência da lei, mas tem que recorrer à criação de categorias de pessoas com direito a várias benesses, independentemente de suas contribuições. Além disso, muitas vezes o faz *sub rosa*[184], criando enormes ônus de prova para quaisquer critérios que revelem as desigualdades de capacidades e circunstâncias, enquanto assume com pouca ou nenhuma evidência que somente intenções malignas ou vieses sistêmicos poderiam explicar resultados desiguais. A "ação afirmativa" talvez seja o exemplo clássico dessa abordagem, mas é apenas um exemplo.

Se a igualdade parece radicalmente diferente da perspectiva da justiça cósmica, o viés também parece. Os padrões tradicionais de admissão em faculdades e universidades, por exemplo, têm sido caracterizados como "sistemas de admissão que favoreceram os brancos e os ricos"[185]. Sem dúvida, é verdade que indivíduos brancos e ricos podem atingir altos padrões acadêmicos, na maior parte do tempo, em comparação aos que não são brancos nem ricos. Mas isso não diz nada sobre a validade desses padrões como fatores preditivos de posteriores conquistas, acadêmicas ou de outros tipos, de que os indivíduos mais privilegiados atenderam aos critérios com mais frequência do que aqueles sem eles.

Exemplos estrangeiros, nos quais não temos interesse constituído ou predisposição ideológica, podem ilustrar ainda melhor essa questão. Tem-se alegado, por exemplo, que uma minoria chinesa na Malásia colonial foi favorecida pelas políticas dos governantes britânicos de lá, porque os chineses prosperaram mais do que os malaios sob essas políticas, e as crianças chinesas chegaram ao ensino superior com mais frequência do que as crianças malaias. De fato, mesmo depois que a Malásia colonial se tornou a nação independente da Malásia, os chineses, durante algum tempo, continuaram a ter o dobro da renda dos malaios, e os estudantes chineses superaram em número os estudantes malaios na Universidade da Malásia. No entanto também era verdade que o governo colonial britânico oferecia educação gratuita aos malaios, enquanto os chineses tinham que pagar para que seus próprios filhos fossem educados, e o governo malaio independente fornecia às crianças malaias bolsas de estudo que não estavam igualmente disponíveis aos chineses[186]. Tanto na era colonial

---

[184] A expressão latina, "sub rosa", significa em "estrito segredo", por vezes, "em segredo". (N. E.)
[185] WILSON, Robin. Yale Professor, a Unabomber Target, Takes Aim at Modern American Society. *The Chronicle of Higher Education*, Sep. 19, 1997, p. A14.
[186] In the Malay States primary education in Malay was free for all Malay boys, and girls, and compulsory for all boys living within a mile and a half of a Malay vernacular school. Estates employing over a certain

quanto na era da independência, os malaios tinham direitos que os chineses não tinham. Pelos conceitos tradicionais de circunstâncias prospectivas, foram os malaios os favorecidos em ambos os regimes, mas, em termos cósmicos, os favorecidos foram os chineses. Mais uma vez, o fundamental não é qual perspectiva se escolhe, mas uma clara compreensão de que são conceitos inerentemente incompatíveis que não devem ser confundidos entre si simplesmente porque usam as mesmas palavras, pois os sentidos reais dessas mesmas palavras são diametralmente opostos.

De uma perspectiva cósmica, em qualquer circunstância que **A** se saia melhor que **B**, diz-se que essas circunstâncias "favorecem" **A**. Observe que, nessa formulação, não pode haver algo como *superação de desvantagens*. Se as empresas criadas por imigrantes libaneses pobres na África Ocidental colonial se saíram melhor na concorrência com empresas criadas lá por europeus mais prósperos, então, pela definição cósmica, isso aconteceu por causa das "vantagens" dos libaneses – os quais, neste caso, estavam dispostos a trabalhar mais duro e por mais horas, cobrando preços mais baixos, aceitando lucros mais baixos e um padrão de vida inferior, e se empenhando mais para entender seus clientes africanos[187]. Em suma, as diferenças de *desempenho* entre os grupos desaparecem no ar ao serem incluídas no conceito de "vantagens" ou perspectivas favoravelmente tendenciosas, mesmo quando as mesmas perspectivas estavam disponíveis para ambos os grupos, mas apenas um grupo fez as escolhas ou os sacrifícios, ou teve as capacidades, para fazer uso dessas perspectivas.

Em sua aparente simplicidade, os conceitos de "vantagem" e "desvantagem" podem ser traiçoeiramente enganosos. Enquanto algumas vantagens são simplesmente benefícios diferenciais para um indivíduo ou grupo em detrimento de outro indivíduo ou grupo – um jogo de soma zero –, outras coisas que são chamadas de "vantagens" são, na realidade, benefícios práticos para a sociedade como um todo que estão disponíveis de modo desigual aos vários membros dessa sociedade. As vantagens de um nobre sobre um camponês consistem precisamente nas obrigações do camponês dar ao nobre uma parte da sua

---

number of Tamil laborers had to maintain a school and give free vernacular education to the children of Tamil laborers working on the estate. There were no such facilities for Chinese." [Original em inglês extraído do livro: PURCELL, Victor. *The Overseas Chinese in Southeast Asia*. 2. ed. Kuala Lumpur: Oxford University Press, 1980. p. 277; MEANS, Gordon P. Ethnic Preference Policies in Malaysia. *Ethnic Preference and Public Policy in Developing States*. In: NEVITTE, Neil; KENNEDY, Charles H. (orgs.). Boulder, Colo.: Lyre Rienner Publishers, Inc., 1986. p. 107.

[187] WINDER, R. Bayly. The Lebanese in West Africa. *Comparative Studies in Society and History*, v. 4, 1967, p. 309-310.

produção e do seu trabalho, além de obediência e deferência. Em suma, as perdas do camponês são os ganhos do nobre – um jogo de soma zero. No entanto, quando algumas pessoas têm muito mais conhecimento e facilidade no projeto e produção de computadores do que outras essas outras podem, não obstante, se beneficiar muito com a disponibilidade de computadores devidamente pré-programados para serem usados por milhões de pessoas que não possuem nenhum conhecimento de fato. Neste segundo caso, a sociedade como um todo está em melhor situação, embora em graus desiguais, por causa das "vantagens" daqueles que possuem um conhecimento mais profundo do funcionamento dos computadores. Seguindo o mesmo raciocínio, a sociedade como um todo pode sair perdendo quando as tentativas de eliminar esses tipos de "vantagens" eliminam benefícios para milhões que não possuem as vantagens em questão.

Com o conceito cósmico de viés ou vantagem, as pessoas que buscam ou justificam políticas preferenciais, muitas vezes, falam da necessidade de tais políticas para se criar "um patamar de igualdade". No entanto essa expressão tem um significado totalmente diferente fora da estrutura da justiça cósmica. Em termos tradicionais, o que as políticas preferenciais criam é um patamar inclinado em favor daqueles cujo desempenho em um patamar de igualdade seria inadequado. A questão aqui não é avaliar os méritos particulares de políticas preferenciais particulares ou de políticas preferenciais em geral – o que vem sendo feito em outros lugares[188] –, mas demonstrar o significado diametralmente oposto da mesma expressão quando usada dentro e fora da estrutura da justiça cósmica.

Direitos de propriedade

Entre os primeiros direitos a serem sacrificados na busca pela justiça cósmica estão os direitos de propriedade. Claramente, os donos de propriedades expressivas são candidatos muito qualificados ao papel de pessoas que desfrutam de posições privilegiadas e, portanto, qualificados para terem seus direitos legais sacrificados para o bem maior dos menos afortunados. Entretanto essa forma de ver as coisas desvirtua completamente o papel dos direitos de propriedade e dos direitos em geral. Assim como a liberdade de imprensa

---

[188] Vide, por exemplo, SOWELL, Thomas. *Preferential Policies*: An International Perspective. Nova York: William Morrow, 1990.

não existe para o bem daquela pequena minoria da população que são os jornalistas, também os direitos de propriedade não existem para o bem das pessoas que possuem uma carteira significativa de propriedades. Ambos os direitos existem para servir a propósitos sociais que vão muito além daqueles que realmente exercem esses direitos.

Todo o funcionamento de um sistema político democrático, e o tipo de liberdade que ele pretende assegurar, seria prejudicado ou destruído se os detentores do poder político pudessem proibir os jornalistas de dizer coisas que fossem politicamente constrangedoras ao censurarem a imprensa "em nome dos interesses nacionais" ou por alguma outra razão. Tal poder seria um cheque em branco para violar todos os outros direitos garantidos pela Constituição à população em geral, pois essas violações poderiam ser encobertas se a imprensa fosse controlada por políticos. Em suma, os principais beneficiários do direito de liberdade de imprensa são pessoas que não fazem parte da imprensa.

Uma economia de livre mercado é tão dependente dos direitos de propriedade quanto o sistema político é dos direitos de liberdade de expressão. Para que os investimentos de uma nação fluam para os usos mais valorizados pelo público consumidor, os donos desses ativos devem ser livres para aplicá-los onde possam obter o maior retorno. Para grandes empreendimentos, como a construção de um sistema ferroviário ou a criação de fábricas onde serão produzidos milhões de automóveis, os indivíduos devem ter permissão para acumular grande quantidade de riqueza – seja delas próprias ou de acionistas. Para que os incentivos máximos façam o melhor julgamento sobre o destino dos investimentos, bem como para gerenciarem esses investimentos, de modo a maximizar as chances de sucesso, as pessoas não podem ter limites sobre quanto podem acumular, mesmo quando terceiros alegam que seu patrimônio é "obsceno".

A maneira mais fácil de ver os efeitos dos direitos de propriedade é observar o que acontece em sua ausência ou cerceamento. A revogação da propriedade privada em terras agrícolas por parte do governo criou escassez de alimentos em países ao redor do mundo, entre pessoas de todas as raças, e em sistemas políticos de vários tipos – até em países do Leste Europeu ou da África subsaariana que já foram exportadores de alimentos. Desnutrição e fome foram o preço da coletivização da agricultura na União Soviética sob Stálin e, em anos subsequentes, apenas importações maciças de alimentos do Ocidente impediram a repetição da mesma experiência terrível. No entanto a

União Soviética e o Leste Europeu em geral tinham algumas das terras mais férteis do mundo e, historicamente, a região exportava grandes quantidades de grãos para a Europa Ocidental e outros lugares – antes que os direitos de propriedade da terra fossem abolidos. Além disso, os pequenos lotes de terra que o governo soviético permitia aos indivíduos cultivarem por conta própria geravam uma quantidade totalmente desproporcional da produção agrícola do país – mais uma vez, mostrando o valor da propriedade privada na produção, mesmo quando a terra não era de propriedade privada. Tampouco isso foi único como uma demonstração pungente da diferença entre o que as pessoas irão produzir para benefício próprio e de suas famílias, em comparação com o que irão produzir quando suas recompensas forem limitadas em nome de alguma coletividade maior.

A mera redução dos direitos de propriedade, com frequência, gera graves problemas econômicos. Mesmo quando se permite que a propriedade permaneça em mãos privadas, mas o preço cobrado pelos proprietários é limitado por lei, os efeitos prejudiciais sobre a produção, a qualidade do produto e a disponibilidade têm sido comuns em todo o mundo e ao longo de milhares de anos de história[189]. Os alimentos têm sido, em muitos lugares e em vários períodos, um alvo especial de controles de preços, muitas vezes com base no fundamento plausível de que a comida é uma necessidade tão básica que os pobres devem ter acesso garantido a ela por um preço que possam pagar. Entretanto, com muita frequência, a fome em massa surgiu na esteira dos controles de preços dos alimentos, fosse durante a era da Revolução Francesa, em nações africanas modernas ou na Ásia. Da mesma forma, a escassez de moradias seguiu-se ao controle de aluguéis, seja na cidade de Nova York, Paris, Hong Kong, Melbourne, Estocolmo ou em outras partes do mundo[190]. Os controles de preços no tratamento médico provocaram longas filas de espera nos consultórios médicos e longas listas de espera para cirurgias, seja na China, Europa ou em outros lugares[191].

---

[189] Vide, por exemplo, SCHUETTINGER, Robert L.; EAMON F. Butler. *Forty Centuries of Wage and Price Controls:* How Not to Fight Inflation. Washington, D.C.: The Heritage Foundation, 1979; HAYEK, F. A. *et al. Rent Control:* A Popular Paradox. Vancouver, B.C.: The Fraser Institute, 1975.
[190] Vide HAYEK, F. A. *et al. Rent Control;* FRIEDMAN, Milton et al. *Rent Control:* Myths and Realities. Vancouver, B.C.: The Fraser Institute, iq8i; TUCKER, William. How Rent Control Drives Out Affordable Housing. *Policy Analysis,* Washington, D.C., Cato Institute, n. 274, May 21, 1997; BAIRD, Charles W. *Rent Control, The Perennial Folly.* Washington, D.C, Cato Institute, 1980.
[191] D'ANASTASIO, Mark. Soviet Health System, Despite Early Claims, Is Riddled by Failures. *Wall Street Journal,* Aug. 18, 1997, p. A1; RAMSAY, Cynthia; WALKER, Michael. *Waiting Your Turn:* Hospital. Waiting Lists in Canada. 8. ed. Vancouver., B.C.: The Fraser Institute, 1998.

A ineficiência do controle político da economia tem sido demonstrada com mais frequência, em mais lugares e nas condições mais variadas, do que quase qualquer coisa fora do reino da ciência pura. Em outras palavras: os direitos de propriedade e os direitos associados de livre contrato em um livre mercado têm grande impacto sobre o bem-estar econômico de massas de pessoas, muito além daquelas relativamente poucas que possuem patrimônios substanciais ou que estão em posição de contratar outros ou se envolver em grandes transações econômicas. Os direitos de propriedade garantidos a poucos são essenciais para o bem-estar econômico de muitos, assim como a liberdade de imprensa não é apenas um benefício de interesse especial para jornalistas. No entanto os direitos de propriedade costumam ser tratados como se fossem, na verdade, apenas benefícios de interesse especial para os mais afortunados e, portanto, direitos a serem sacrificados na busca da justiça cósmica para os outros.

Do ponto de vista do Estado de Direito, nada disso precisa ser discutido. Para os americanos, pelo menos, o assunto foi resolvido há muito tempo, quando a Constituição dos Estados Unidos determinou que ninguém poderia ser "privado da vida, liberdade ou propriedade, sem o devido processo legal; nem a propriedade privada será tomada para uso público sem justa compensação". Na segunda metade do século XX, no entanto, tudo isso estava sendo rapidamente corroído pelos juízes. Além disso, essa erosão e deterioração dos direitos de propriedade foi aplaudida nas principais faculdades de Direito e pela *intelligentsia* em geral.

O professor Laurence Tribe, Harvard Law School, por exemplo, vê "incorporado da Constituição um viés contra a redistribuição de riqueza" como um benefício para a "riqueza arraigada"[192]. Ou seja, ele o vê simplesmente como um benefício para interesses especiais, de uma forma que ele não consideraria a liberdade de imprensa apenas como um benefício de interesse especial para jornalistas. Observe também que o termo "viés" é usado aqui em um sentido paralelo ao uso daqueles que afirmam que os chineses têm sido "favorecidos" em relação aos malaios. Quando o Estado de Direito é visto como um viés, a justiça cósmica é silenciosamente consagrada e os princípios da Constituição americana silenciosamente revogados.

---

[192] TRIBE, Laurence H. *Constitutional Choices*. Cambridge, Mass.: Harvard University Press, 1985. p. 187.

Ativismo judicial

O papel dos juízes é, com certeza, fundamental no Direito – em especial para a manutenção do Estado de Direito, diferentemente de um sistema de decretos arbitrários daqueles que detêm o poder. Aqui, de novo, o conceito tradicional de justiça leva a um papel para os juízes totalmente diferente daquele que lhes é atribuído por aqueles que buscam pela justiça cósmica.

A concepção tradicional do papel dos juízes foi expressa há milhares de anos por Aristóteles, ao afirmar que um juiz deveria "ser autorizado a decidir o menor número possível de coisas". Seu poder discricionário deve limitar-se a "pontos que o legislador não tenha definido para ele". Além disso, a lei propriamente dita deve ser uma aplicação de regras a serem usadas para a orientação de outros além dos litigantes, pois suas decisões "não são particulares, mas prospectivas e gerais"[193]. Em contrapartida, o colunista do *New York Times* e escritor jurídico Anthony Lewis (1927-2013) elogiou o juiz da Suprema Corte Harry Blackmun (1908-1999) por ele ter "focado mais nas pessoas reais cujas vidas foram afetadas pelos casos"[194] – em outras palavras, os litigantes antes dele e talvez um segmento, em circunstâncias semelhantes, da sociedade. Mas aqueles afetados pelas decisões da Suprema Corte incluem todos os que são afetados pela estabilidade, confiabilidade e justa aplicação de leis – e isso significa que todos os membros da sociedade, não apenas os litigantes ou aqueles como os litigantes. Se a alegação implicada é de que Blackmun levou em conta todas as ramificações de suas decisões sobre todos os outros indivíduos afetados fora do tribunal, então, está alegando o que nenhum juiz ou qualquer outro ser humano pode fazer.

Um juiz não pode "fazer justiça" diretamente nos casos que lhe são apresentados. Tal visão ficou bastante clara em um episódio na vida do juiz da Suprema Corte Oliver Wendell Holmes (1841-1935). Depois de um almoço com o juiz Learned Hand (1872-1961), Holmes entrou na carruagem que o levaria embora. Ao se despedir, o juiz Hand disse:

"Faça justiça, senhor, faça justiça".
Holmes pediu ao condutor que parasse a carruagem.
"Meu trabalho não é esse", Holmes disse ao juiz Hand. "Meu trabalho é fazer cumprir a lei"[195].

---

[193] ARISTOTLE. Rhetoric, *The Basic Works of Aristotle*. In: MCKEON, Richard (ed.). Nova York: Random House, 1990. p. 1326. [Edição brasileira: *Retórica*. Edição especial. São Paulo: Edipro, 2017].
[194] LEWIS, Anthony. The Blackmun Legacy. *New York Times*, April 4, 1994, A13.
[195] BORK, Robert H. *The Tempting of America:* The Political Seduction of the Law. Nova York: The Free Press, 1990. p. 6.

Em outra ocasião, Holmes escreveu que sua principal responsabilidade como juiz era "verificar se o jogo está sendo jogado de acordo com as regras, quer eu goste delas ou não"[196]. Em uma de suas decisões na Suprema Corte dos Estados Unidos, Holmes afirmou: "Quando sabemos o que a fonte da lei disse que deve ser, nossa autoridade chega ao fim"[197]. Outra declaração de Holmes na Suprema Corte terminou da seguinte forma: "Não tenho autoridade para deliberar sobre a justiça da lei"[198].

O argumento a favor da manutenção dos princípios jurídicos, conhecidos e invocados por outros, é precisamente o de que *isso pode ser feito*, e feito preservando uma sociedade livre, ao passo que improvisar requer muito mais conhecimento do que se possui e é incompatível com o Estado de Direito e com a liberdade que depende dessa regra. As virtudes específicas de determinadas leis ou de determinadas interpretações judiciais das leis – sua justiça, compaixão, igualdade ou adequação às realidades sociais, por exemplo – evidentemente são importantes. Mas uma parte significativa dos benefícios da lei está no fato de a lei ser tal como é, de ser uma estrutura confiável dentro da qual milhões de pessoas podem planejar e agir, independentemente de determinadas leis terem ou não outras virtudes específicas. Assim, cristãos e judeus foram capazes de prosperar nos negócios sob as leis confiáveis do Império Otomano, muito embora essas leis lhes negassem a igualdade e os subordinassem aos muçulmanos em muitos aspectos. Ironicamente, os economistas vêm descobrindo a enorme importância do Estado de Direito praticamente ao mesmo tempo em que os juízes vêm sacrificando o Estado de Direito na tentativa de tornar a lei mais justa, compassiva, igual ou em sintonia com as percepções dos próprios juízes sobre as realidades sociais.

O papel de preocupações como justiça e compaixão são muito diferentes na legislação e na posterior interpretação judicial da legislação. Quando Oliver Wendell Holmes disse "odeio a justiça" como uma consideração judicial[199], ele não estava dizendo que a justiça não pertencia à lei. Estava declarando que não era função do juiz colocá-la lá, que se tratava de uma função legislativa. Praticamente a mesma visão foi, mais tarde, repetida pelo juiz Robert H. Bork ao declarar: "Cabe ao Congresso e ao presidente

---

[196] HOLMES, Oliver Wendell. *Collected Legal Papers*. Nova York: Peter Smith, 1990. p. 307.
[197] *Kuhn v. Fairmont Coal Co.*, 215 U.S. 349, p. 372.
[198] *Untermeyer v. Anderson*, 276 U.S. 440.
[199] Carta de 1º de julho de 1929, *The Mind and Faith of Justice Holmes: His Speeches, Essays, Letters and Judicial Opinions*. In: LERNER, Max (org.). Nova York: The Modern Library, [s. d.]. p. 435.

administrarem a justiça, caso considerem adequado, através da criação de novas leis"²⁰⁰. Pode parecer que, se a justiça é algo desejável na lei, a questão de quem a coloca lá é secundária, trivial, até. No entanto ocorre justo o contrário: a separação de papéis na criação da lei é fundamental para a preservação do próprio Estado de Direito.

Atos legislativos, ações presidenciais e emendas à Constituição são todas as coisas que anunciam publicamente mudanças na lei do país, prevendo mudanças no enquadramento jurídico em cujo âmbito as pessoas livres podem agir e planejar. Além disso, todos esses processos são, em última análise, sujeitos às próprias pessoas e podem ser revertidos se elas os acharem onerosos. As inovações feitas por juízes são, na verdade, leis *ex post facto*, leis expressamente proibidas pela Constituição e abomináveis ao próprio conceito do Estado de Direito. Tribunais que caem como um raio sobre um cidadão desavisado, que não estava desobedecendo a nenhuma lei que pudesse conhecer de antemão, são a essência da tirania judicial, por mais moral ou justa que os juízes possam conceber que seja a sua inovação. O mal não se limita ao dano específico que possa causar no caso específico, por maior que, às vezes, possa ser; mas transforma todas as outras leis em nuvens escuras, fontes potenciais de outros acontecimentos inesperados, que contrariam toda a noção de "um governo feito de leis, não de homens".

A diferença entre justiça cósmica e justiça tradicional significa uma enorme diferença no poder dos juízes. Sob a justiça cósmica, o papel do juiz é decidir se o comportamento de cada uma das partes se encaixa nas suas noções sobre o que elas deveriam ter feito. Sob a justiça tradicional, o juiz decide a respeito da questão muito mais restrita quanto ao que cada parte tinha o direito de fazer, ao critério da própria parte, segundo leis e acordos existentes. A justiça cósmica não só torna os juízes palpiteiros itinerantes como também lança uma sombra de incerteza sobre os possíveis acordos, tornando esses acordos mais difíceis de serem alcançados e efetivados.

A busca pela justiça cósmica através do judiciário – a lei enquanto um "agente de mudança", como, muitas vezes, é formulada – revoga, silenciosamente, um dos alicerces da Revolução Americana. Isso reduz um povo livre a um povo submisso, sujeito agora a decretos de juízes não eleitos e que aplicam "padrões em evolução", os quais se tornaram mais negligentes em virtude de

---

[200] BORK, Robert H. *The Tempting of America:* The Political Seduction of the Law. Nova York: The Free Press, 1990. p. 6.

seu exaltado senso de superioridade moral. Entre as muitas maneiras pelas quais presunções arrogantes são uma ameaça à liberdade dos americanos, essa é uma das mais perigosas.

Ônus da prova

Nenhum aspecto da justiça tradicional é mais fundamental do que a presunção de inocência em casos criminais e o ônus da prova correspondente caber aos reclamantes, não aos réus, em casos civis. Caso contrário, a capacidade do governo de jogar pessoas na prisão, ou de arruiná-las financeiramente, devido aos seus próprios e vastos poderes e recursos que podem ser colocados por trás de quaisquer acusações forjadas, tornaria todas as outras liberdades sem sentido. Quaisquer que fossem os retumbantes ideais da lei ou as proclamações de liberdade na Constituição, o princípio operante seria: enfureça os detentores do poder e você será destruído. Nenhum princípio poderia estar mais diametralmente oposto ao significado da Revolução Americana como um todo. No entanto essa é a direção na qual a lei americana vem evoluindo, em um ritmo acelerado, ao longo do século XX.

O primeiro campo em que o ônus da prova começou a se transferir para o réu ou para o demandado foi na lei antitruste. A mudança mais radical e dramática ocorreu na lei dos direitos civis, à qual se seguiram desdobramentos semelhantes em legislação ambiental, responsabilidade civil, políticas de assédio sexual e leis e políticas aplicadas às famílias. Em todas essas áreas, o que se buscava era a justiça cósmica para alguns, com o habitual descaso dos custos para outros. Esses outros incluem não apenas perdedores específicos, ou classes de perdedores, em casos legais. Inclui todos na sociedade, pois todos saem prejudicados pela facilidade com que o ônus da prova pode ser transferido para o acusado – o que significa não apenas classes existentes de réus criminais ou demandados em casos civis, mas quaisquer outras classes que venham a ser criadas no futuro, com base em uma sucessão de precedentes legais que silenciosamente revogaram um dos princípios básicos do direito constitucional americano.

Por mais perigosos que tais poderes sejam nas mãos das autoridades governamentais, essas autoridades não são o único grupo de pessoas que tem permissão de impor altos custos a outros com um custo baixo para si. Enquanto autoridades do governo podem gastar diretamente o dinheiro dos contribuintes para financiarem processos e acusações contra terceiros, um advogado particular também pode cobrar milhões de dólares em honorários advocatícios dos contribuintes para realizar o que se conhece como trabalho *"pro bono"* – o que significa que seu cliente não paga – em um número cada vez maior de casos envolvendo "direitos civis". Embora, historicamente, essa expressão se referisse a casos de discriminação contra minorias, expandiu-se para muito além desse significado de modo a incluir, por exemplo, o despejo de inquilinos (de qualquer raça) de moradias subsidiadas pelo governo federal com a alegação de má conduta. O alcoólatra ou piromaníaco mais louro e de olhos azuis pode, no âmbito dos "direitos civis", processar por ser privado de um benefício fornecido pelo contribuinte, e seu advogado, se ganhar a causa, pode levar muito mais dos contribuintes do que o cliente ganhará, alegando estar trabalhando em uma causa *pro bono publica* – em benefício do público – como se fosse um voluntário altruísta.

O principal propósito desses desdobramentos legais não é o desejo de subverter a Constituição. Normalmente, tem sido o de perseguir algum aspecto da justiça cósmica. Nessa perspectiva, a subversão da Constituição é um subproduto incidental. Além disso, para cada legislação específica ou qualquer caso legal, o dano gradual causado à Constituição pode parecer pequeno. É somente no conjunto que essa busca pela justiça cósmica "a qualquer custo" se torna uma perigosa destruição dos direitos que definem e defendem uma sociedade livre.

Aqueles sujeitos à destruição de seus direitos – e, portanto, a colocar em risco os direitos dos outros por meio de precedentes legais – geralmente pertencem a algum grupo facilmente demonizado dentro do contexto de uma visão de justiça cósmica. Historicamente, as grandes corporações têm sido um dos principais alvos, muito antes daqueles acusados de serem racistas, poluidores do meio ambiente, abusadores de crianças e outros réus que se tornaram alvos em destaque mais recentemente. A Lei Sherman antitruste, de 1890, proibiu o "monopólio" – termo indefinido, exceto *ex post*, em litígios – e, mais tarde, a Lei Clayton, de 1914, e a Lei Robinson-Patman, de 1936, foram, no mínimo, igualmente vagas.

Nesses últimos estatutos, vários atos cometidos pelas empresas são ilegais quando "reduzem substancialmente a concorrência" em qualquer linha de comércio. Quando os tribunais consideraram que os atos de um pequeno fabricante de carimbos de borracha com apenas 19 funcionários e com 70 concorrentes na mesma cidade, cumpriu o critério de redução substancial da concorrência²⁰¹, a capacidade de qualquer empresa saber com antecedência se o que está fazendo irá enquadrá-la no âmbito da Lei Clayton ou da Lei Robinson-Patman é, no mínimo, questionável, se não totalmente ilusória.

Mais fundamental do que a imprecisão dessas leis é a transferência do ônus da prova para o acusado. O governo ou um reclamante privado só precisa montar um caso *prima facie* – ou seja, um caso que sequer precisa atender ao padrão de "preponderância de provas", muito menos "para além de qualquer dúvida razoável", para forçar o acusado a provar sua inocência. Em muitos casos, a indefinição dos conceitos e a inconclusividade das evidências tornam impossível, para qualquer um dos lados provar qualquer coisa. *O réu perde esses casos*. Assim, o fabricante de carimbos de borracha que tinha apenas 19 funcionários "não provou afirmativamente" que os descontos oferecidos a alguns clientes "não estavam reduzindo a concorrência nem tinham a tendência a impedir que isso acontecesse", segundo a Corte de Apelações²⁰².

Embora esse caso em particular tenha aberto um precedente apenas para a Corte de Apelações do Segundo Circuito, muitos outros casos também foram perdidos pelos acusados porque não puderam refutar casos *prima facie* que consistem unicamente no fato de terem concedido descontos a alguns clientes. Quando a Borden Company vendeu leite evaporado para intermediários que compraram em grande quantidade por um valor abaixo do que cobrava dos supermercados, ou quando a Standard Oil vendeu gasolina com desconto para intermediários que também compravam em grandes quantidades, ambas as empresas perderam seus processos na justiça, porque não conseguiram provar conclusivamente sua inocência perante a lei²⁰³.

Muitos processos antitruste, especialmente aqueles envolvendo a Lei Robinson-Patman, mostram um padrão que mais tarde apareceria em uma área bastante diferente dos casos de ação afirmativa – reversões e "rrereversões" à medida que os casos sobem na cadeia das Cortes de Apelações culminando com decisões 5 a 4, na Suprema Corte. Enquanto aqueles com uma inclinação autocongratulatória poderiam atribuir isso à "complexidade" das questões e à sua relutância em serem "simplistas", mas fundamentalmente o

---

²⁰¹ MOSS, Samuel H. *Inc. v. Federal Trade Commission 148* F.2d 378 (2d Cir.), cert. negada, 3:26 U.S. X34 (1945).
²⁰² *Ibid.*
²⁰³ *The Borden Co.*, 62 F.T.C. 130 (1962), revisado por outros motivos, 339 F.2d. 133 (5th Cir. 1964), rev. 383 U.S. 637 (1966).

problema não está na complexidade, e sim na contradição – entre tentativas estatutárias de produzir justiça cósmica e os princípios subjacentes da Constituição, que são necessariamente violados nessas tentativas.

JUSTIÇA CÓSMICA *VERSUS* LIBERDADE DEMOCRÁTICA

Definições

A democracia pode ser definida de maneira muito simples: a regra da maioria. Existem, é claro, muitas variações da regra da maioria, que variam desde a democracia das assembleias municipais até a democracia representativa das legislaturas. Além disso, mesmo a regra da maioria pode ser restringida, como ocorre nos Estados Unidos, dentro de limites constitucionais que podem ser alterados apenas por uma maioria absoluta no Congresso, combinada a uma maioria absoluta nas assembleias legislativas estaduais. Mas a ideia central é bastante clara, embora uma certa confusão tenha sido introduzida em nossos tempos com a tentativa de incluir dentro da própria definição de democracia vários resultados finais esperados ou desejados, como liberdade, a dignidade do indivíduo e outros objetivos. Mas o governo democrático é um governo democrático, quer suas decisões sejam sábias ou tolas, humanas ou cruéis.

A liberdade, no entanto, há muito vem sendo definida de maneiras radicalmente diferentes por indivíduos com visões diferentes – e, em especial, por aqueles em busca da justiça cósmica. A concepção tradicional de liberdade como *isenções do poder* já foi ilustrada na Carta de Direitos da Constituição dos Estados Unidos em passagens como "o Congresso não legislará no sentido de...". Observe que os possíveis méritos dessas leis não estão em questão. Quando se trata de liberdade de religião, ou de imprensa, por exemplo, o Congresso não *legislará*. Isenções de quaisquer leis que o Congresso queira fazer são, na verdade, a definição dessas liberdades. Daí se segue que *o poder é a capacidade de restringir as opções das pessoas e* liberdade das pessoas é uma isenção de ter as opções restritas em questões como religião ou expressão de ideias.

Tudo isso muda, no entanto, na estrutura conceitual da justiça cósmica, onde liberdade e poder são concebidos em termos totalmente diferentes. Entre as inúmeras expressões dessa visão muito diferente está a expressa em *Equality*, de R. H. Tawney (1889-1962):

Pode-se definir poder como a capacidade de um indivíduo, ou grupo de indivíduos, de modificar a conduta de outros indivíduos ou grupos da maneira que desejar e de impedir que sua própria conduta seja modificada da maneira que não desejar[204].

Por mais inócua que essa definição possa parecer, ela implica um afastamento radical da concepção tradicional da liberdade como personificação das isenções constitucionais do poder governamental. A noção muito mais ampla de modificar o comportamento de outras pessoas inclui o poder no sentido tradicional, mas não se limita a ele. Por exemplo, quando um atleta recebe uma oferta de um contrato multimilionário para jogar futebol, isso pode muito bem modificar quaisquer planos anteriores que ele tinha de se tornar dentista ou contador. Poucas pessoas considerariam a oferta uma restrição das opções preexistentes. Pelo contrário, está acrescentando uma opção que pode se provar muito mais atraente, embora o atleta continue livre para fazer qualquer uma das outras escolhas que lhe estavam disponíveis antes. A partir dessas concepções muito diferentes de liberdade e de poder, seguem-se conclusões práticas muito diferentes sobre questões políticas e econômicas. Em termos tradicionais, ele não perdeu liberdade para os detentores do poder. Em termos cósmicos, exemplificados pela definição de Tawney, sim.

Da concepção cósmica do poder, segue-se a noção anômala de "poder econômico" que exerceu uma influência, variando da política antitruste à defesa do comunismo. Uma "concentração de poder econômico", como disse Tawney[205], serve como justificativa para as restrições governamentais às empresas que atraem grande parte dos consumidores de um determinado produto. Assim, diz-se que uma empresa cujo produto é adquirido por dois terços dos consumidores desses produtos "controla" dois terços desse mercado e, claro, tem um "poder econômico" que o governo deve conter ou neutralizar de alguma forma.

Na ausência da noção de "poder econômico" e da retórica que acompanha como através da noção de "controle", essa situação tem maior probabilidade de ser vista como uma situação na qual dois terços dos consumidores preferem o produto de uma determina empresa em detrimento de produtos semelhantes feitos pelos concorrentes – uma situação longe de ser nefasta e,

---

[204] TAWNEY, R. H. *Equality*. Londres: George Allen & Unwin, Ltd., 1931. p. 229.
[205] *Ibid.*, p. 227.

talvez, uma na qual os cumprimentos devam ser dados para a empresa que fez um trabalho muito melhor em dar aos consumidores o que eles queriam. Mas, é claro, essa maneira mais otimista de ver as coisas não justificaria uma expansão do poder do governo para compensar o "poder econômico". Essas expansões do poder governamental incluíram não apenas leis antitruste e outras regulamentações para empresas; mas estenderam-se também até o socialismo e o comunismo. Quaisquer que sejam os méritos ou deméritos específicos de qualquer uma dessas políticas e mudanças institucionais propriamente ditas, o conceito de "poder econômico" permite que as preocupações referentes às expansões do poder do governo sejam refinadas ao dizer que não se trata de um aumento evidente de poder ou uma diminuição evidente da liberdade, uma vez que apenas compensa o "poder econômico" privado com a finalidade de proteger o público.

Analisando um exemplo específico da aplicação do conceito de "poder econômico", podemos nos voltar, mais uma vez, para Tawney, embora ele não fosse em nenhum sentido único ou mesmo incomum entre aqueles que buscavam pela justiça cósmica. De acordo com Tawney, "84% da produção" na indústria de carvão britânica de sua época foi "gerada por 323 pequenas fábricas que empregavam mais de mil trabalhadores cada uma, e quase um quinto foi produzido por 57 empresas" – tudo isso representando uma representação de "uma concentração de controle econômico"[206]. Estatísticas semelhantes foram citadas com relação a inúmeros setores em diversos países, como se tais estatísticas retrospectivas fossem prova de "controle" potencial de alguma coisa. De fato, em qualquer área de atuação, um número x de produtores produz dois terços, três quartos, ou qualquer outro percentual que se escolha da produção total.

Por exemplo, no mesmo ano em que o livro de Tawney foi publicado (1931), apenas 13 jogadores de baseball fizeram mais da metade dos *home runs* na Liga Americana, embora houvesse cerca de duzentos jogadores na liga. O mesmo aconteceu no ano em que foram citadas as estatísticas de concentração no setor carvoeiro (1923)[207]. Nada tem sido mais comum, em diversos países do mundo e ao longo de séculos de história, do que uma fração dos participantes em qualquer atividade produzir uma quantidade

---

[206] *Ibid.*, p. 234.
[207] Computado em *The Baseball Encyclopedia*. Nova edição. Nova York: Macmillan Publishing Co., 1993. p. 214-250.

desproporcional dessa atividade[208]. No entanto nada tem sido mais comum entre os intelectuais do que considerar tais desproporcionalidades incomuns, senão sinistras.

A relevância de tudo isso aqui é que a perspectiva cósmica do mundo que leva a noções como "poder econômico" e "controle" fornece uma justificativa para uma expansão do poder governamental que de fato reduz as opções preexistentes e, assim, restringe a liberdade.

Comprando e vendendo liberdade

Entre as barreiras constitucionais americanas à expansão do poder do governo federal está a Décima Emenda: "Os poderes não delegados aos Estados Unidos pela Constituição, nem proibidos por ela aos Estados, são reservados aos Estados respectivamente, ou ao povo".

Em outras palavras, o governo federal pode fazer apenas o que está especificamente autorizado a fazer, enquanto o povo ou os estados individuais podem fazer o que não estão especificamente proibidos de fazer. Essa barreira contra a centralização do poder é uma das proteções fundamentais da liberdade e simboliza o espírito da Revolução Americana. Nas monarquias absolutas de outrora ou nas ditaduras do século XX, todo o poder fluía do centro, com os governos regionais ou locais sendo simplesmente unidades subordinadas do governo central, em vez de autoridades autônomas com suas próprias áreas de isenção do poder do Estado nacional. Essa divisão deliberada do poder político de um país pela Constituição é um dos baluartes da liberdade individual e do autogoverno democrático. Infelizmente, nenhuma disposição constitucional foi mais consistentemente corroída ou mais descaradamente ignorada na segunda metade do século XX do que a Décima Emenda.

Em parte, isso foi feito por meio de truques jurídicos desde os dias do *New Deal* e, mais adiante, especialmente desde a década de 1960, pelas condições impostas pelo governo federal à sua generosidade cada vez maior para com estados e instituições privadas – condições que o governo nacional não tem autoridade constitucional para impor diretamente por lei, mas que ele impõe indiretamente através da ameaça de cortar bilhões de dólares de subsídios

---

[208] Vide, por exemplo, a categoria "Statistical Disparities" em SOWELL, Thomas. *Migrations and Cultures:* A World View. Nova York: Basic Books, 1996. p. 515.

dos quais esses estados e instituições agora dependem. Em suma, o governo federal vem comprando a liberdade do povo com o dinheiro dos impostos do próprio povo.

Para o Judiciário, as vastas expansões do escopo do poder federal durante as obstinadas cruzadas do *New Deal* – muitas delas alimentadas por noções de justiça cósmica – foram justificadas pela disposição constitucional de que o Congresso tinha o direito de regular o "comércio interestadual". Essa disposição tornou-se um cheque em branco pelo qual praticamente tudo que o Congresso quisesse regulamentar era simplesmente chamado de "comércio interestadual". Em um caso histórico envolvendo a regulação federal da agricultura, a Suprema Corte decidiu que um homem que cultivava os próprios alimentos no quintal de casa estava envolvido no comércio interestadual e, portanto, sujeito ao controle federal. Durante décadas, vastas expansões do poder federal foram repetidas e quase automaticamente justificadas, conforme autorizado pelo poder do Congresso de regular o comércio interestadual.

Essa nova tradição estava tão profundamente arraigada que, em 1995, houve uma consternação quando a Suprema Corte concluiu que andar armado perto de uma escola *não* constituía comércio interestadual[209]. Os juízes dividiram-se em 5 a 4, e a maioria dos comentários editoriais se concentrou em saber se era desejável permitir que as pessoas carregassem armas perto de escolas, e não na natureza do governo constitucional. O fato de a maioria dos estados já ter proibido o porte de armas dentro das escolas ou em seus arredores, e de que todos os estados tinham autoridade para fazê-lo, significava que a verdadeira questão não era a segurança das crianças, mas a abrangência do poder federal. Infelizmente, o escopo do poder federal não era mais um problema para muitos americanos, uma vez que a Décima Emenda tinha sido silenciosamente revogada pela erosão judicial, por isso esse primeiro revés em décadas para a interpretação, cheque em branco para a cláusula de comércio interestadual, pegou muitas pessoas de surpresa. Além disso, o fato de que essa foi uma decisão 5 a 4 significava que poderia se tornar nada mais do que um ponto isolado no radar da história, e não o início da restauração do princípio constitucional do poder limitado do governo nacional.

Desde a década de 1960, o poder do governo federal sobre estados, instituições privadas e indivíduos, tem se expandido muito mais

---

[209] U.S. v. Lopez, 51.4 U.S. 549 (1994).

rapidamente do que o ritmo possibilitado pelos acréscimos decorrentes de casos da Suprema Corte. Fundamental para todo esse desdobramento tem sido uma vasta expansão da "ajuda" federal para inúmeras atividades, da construção de rodovias às pesquisas universitárias, do redesenvolvimento urbano a hospitais e agências de adoção. Com esse auxílio, vieram as condições – condições tipicamente modestas no início e depois ao longo dos anos, se transformam em regulamentações cada vez mais detalhadas, restritivas e arbitrárias. Assim, o governo federal pode estipular de que cor os extintores de incêndio devem ser pintados em prédios públicos ou privados ou se as creches privadas terão que contratar pessoas com doenças transmissíveis ou com transtornos mentais. Embora tais poderes abrangentes resultem da compra da liberdade das pessoas, em muitos casos, há pouca alternativa a não ser vendê-la, já que não existe uma maneira realista para a maioria dos indivíduos ou instituições se recusarem a vender sua liberdade e retornarem ao *status quo ante*.

Se o governo federal despeja centenas de milhões de dólares em bolsas de pesquisa e subsídios estudantis em Harvard, então Yale não pode rejeitar os mesmos subsídios sem decisivamente ficar atrás de Harvard em todas as áreas em que as duas instituições competem por alunos, professores e prestígio acadêmico. Não há como Yale restaurar o *status quo ante* de forma unilateral. Em praticamente todas as atividades nas quais há concorrência – ou seja, em praticamente todas as atividades – nenhum destinatário da generosidade federal pode se recusar a vender autonomia local ou liberdade institucional sem perder para outras instituições com as quais eram equiparáveis antes da expansão da generosidade federal.

Nenhuma instituição tem sido mais tradicionalmente objeto de controle local do que as escolas públicas. No entanto o crescente escopo do subsídio e do controle federal, particularmente através do Departamento de Educação, tem sucessivamente retirado mais e mais decisões das mãos dos pais e eleitores nos distritos escolares locais, transferindo essas decisões para Washington. Simplesmente não importa se pais, eleitores ou autoridades locais estão em pé de guerra contra métodos de alfabetização[210] ou a promoção de atitudes

---

[210] Em inglês, a expressão aqui usada, versa sobre a alfabetização, mas não no sentido clássico. O "Whole Language" consiste em um método de aprendizagem que vê a linguagem como um ente único; assim escrever, falar, ler e ouvir devem estar integrados enquanto estão sendo aprendidos. Nessa modalidade, assume-se que o aprendizado é construído a partir de experiências reais e do conhecimento de mundo do aprendiz. O método parte da premissa de que aprender a ler é natural para os seres humanos, especialmente para crianças pequenas, da mesma forma que aprender a falar desenvolve-se naturalmente. Embora tenha se

sexuais de vanguarda nas escolas, se essas ideias estão em voga entre aqueles em Washington que têm a chave do cofre. Não importa se os pais de hispânicos querem que os filhos sejam educados em inglês na escola se burocratas federais favorecerem os chamados programas bilíngues, em que a maioria das aulas são ministradas em espanhol. Não importa se as escolas locais querem manter uma disciplina mais rigorosa se as diretrizes federais impossibilitarem a adoção de medidas mais rigorosas.

Apesar dos numerosos estudos mostrando que a quantidade de dinheiro gasto por aluno tem pouco ou nenhum efeito sobre a qualidade da educação, as autoridades federais estão constantemente pressionando por uma expansão da ajuda federal para a educação com o pretexto de "investir" no futuro de nossas crianças. Por menor que seja o efeito desse dinheiro na qualidade da educação dessas crianças, ele teve um efeito enorme na expansão do poder federal. Esse dinheiro pode não comprar uma educação melhor para os alunos, mas, inquestionavelmente compra a liberdade dos pais, dos eleitores e das autoridades locais, além de transferir para Washington o poder de decisão.

Tampouco as escolas são únicas nesse aspecto. Não importa se um hospital não quer que um farmacêutico com AIDS manuseie medicamentos que serão administrados aos seus pacientes se a instituição perderá milhões de dólares em verba federal por transferi-lo para alguma outra atividade em que sua doença seria menos perigosa. Não importa se uma creche não quer contratar alguém com histórico de doença mental para cuidar das crianças se o governo federal pode cancelar seu subsídio por violar suas "diretrizes" para a contratação de pessoas com transtornos mentais. Não importa o que médicos particulares e seus pacientes possam querer fazer para tratar uma determinada doença – mesmo que esses pacientes paguem pelo tratamento de seus próprios bolsos – se esses médicos tratarem outros pacientes cujas contas são pagas pelo Medicare e, portanto, se enquadram em controles federais que se aplicam à sua atividade em geral.

Esquemas para estender o poder federal a cada canto e recanto de atividades locais e até mesmo privadas nunca são divulgados publicamente como expansões do poder federal, muito menos como erosões da Décima Emenda, mas sempre em termos dos maravilhosos objetivos que eles dizem

---

tornado o modelo de educação mais importante nos Estados Unidos, Canadá, Nova Zelândia e Reino Unido nas décadas de 1980 e 1990, não tem suporte científico algum que ateste a sua efetividade. (N. E.)

alcançar – "assistência médica universal", "investindo no futuro de nossos filhos", "garantindo condições equitativas para todos" etc. Como muitos já advertiram no passado, é improvável que a liberdade seja perdida de uma só vez e abertamente. É muito mais provável que seja corroída, pouco a pouco, em meio a promessas brilhantes e expressões de ideais nobres. Assim, liberdades duramente conquistadas pelas quais muitos lutaram e morreram acabaram agora sendo compradas e vendidas por palavras ou dinheiro, ou ambos.

RESUMO E CONCLUSÕES

O governo produzido pela Revolução Americana foi único, não apenas pelo contraste com as monarquias e outros despotismos de seu tempo, mas também pelo contraste com outras revoluções de sua própria época e de épocas posteriores. A Revolução Francesa da década seguinte usou uma retórica semelhante e contou com o apoio de figuras importantes da Revolução Americana, como Thomas Jefferson (1743-1826) e Thomas Paine (1737-1809), mas, apesar disso, a Revolução Francesa baseou-se em pressupostos totalmente diferentes e, é claro, seguiu um rumo diferente, muito característico de revoluções posteriores que começaram com ideais elevados e terminaram com um despotismo novo e mais implacável.

Onde as revoluções americana e francesa diferiram mais fundamentalmente foi no Estado de Direito. Certos membros da assembleia nacional francesa foram nomeados para percorrer o país como "representantes em missão", corrigindo os erros à medida que os viam, mesmo quando isso exigia sobrepor-se aos órgãos do governo ou às leis que eles haviam criado, ou destituindo de seus cargos aqueles representantes que deixavam a desejar. Os representantes em missão chegavam a levar consigo a própria guilhotina, para deixar ali mesmo sua marca de justiça. A nível nacional também, o "Comitê de Segurança Pública" sob Robespierre governou por decretos que poderiam prevalecer sobre qualquer lei.

Poderes limitados e a supremacia das leis estavam no centro da Constituição criada pela Revolução Americana. Os freios e contrapesos constitucionais e as salvaguardas processuais eram desconcertantes para um defensor ideológico da Revolução Francesa como Condorcet (1743-1794), que os via como meros impedimentos para fazer o que era certo e para mudar o que fosse necessário mudar. Grande parte do que foi feito nos Estados Unidos – nos tribunais, na política e nas ruas – na segunda metade do século XX, baseia-se em pressupostos que se assemelham muito mais aos da Revolução Francesa do que aos da Revolução Americana.

Quando o presidente da Suprema Corte Earl Warren (1891-1974) interrompia advogados apresentando argumentos legais perante a Suprema Corte para perguntar "Mas isso é correto? É bom?", ele se alinhava muito mais na tradição dos representantes em missão do que na tradição de "um governo feito de leis, não de homens". Os muitos outros juízes em todos os níveis que seguiram o exemplo de Warren – administrando sistemas escolares, mudando as leis eleitorais, ou mesmo ordenando que os legislativos aumentassem os impostos para financiar empreendimentos judiciais em engenharia social – também estavam agindo como representantes em missão, e não como preservadores de uma estrutura da lei.

A Constituição dos Estados Unidos não é um tratado complicado nem um conjunto de conceitos enigmáticos que apenas um sacerdócio ou as faculdades de Direito podem decifrar. Seus termos cruciais, tais como "liberdade de expressão" ou "devido processo legal", já tinham significados históricos na lei inglesa antes que a Constituição americana fosse redigida por ingleses que se transferiram para o país. A tão aclamada "complexidade" do direito constitucional vem, na maioria dos casos, não da própria Constituição, mas de tentativas inteligentes de contornar os limites do poder governamental por ela estabelecidos. A expansão judicial praticamente ilimitada do conceito de "comércio interestadual" até cancelar muitos desses limites e anular a Décima Emenda talvez seja o exemplo mais clássico.

O ideal de imparcialidade na lei, exemplificado por estátuas da Justiça com os olhos vendados, implica que determinados resultados para determinados indivíduos e grupos devem ser desconsiderados na dispensação da justiça. É precisamente essa concepção de justiça – que se encontra no âmago da Revolução Americana – que está sendo menosprezada. Como foi oportunamente dito: "A Deusa da Justiça, com os olhos vendados, foi encorajada a espiar e ela agora diz, com os juristas do antigo regime: 'Primeiro me diga quem você é, e depois eu lhe direi quais são seus direitos'"[211].

Na política, o grande *non sequitur* do nosso tempo é que (1) as coisas não estão certas e que (2) o governo deve corrigi-las. Onde certo, muitas

---

[211] ROGGE, Benjamin A. *Can Capitalism Survive?* Indianapolis: Liberty Press, 1979. p. 49.

vezes, significa justiça cósmica, tentar acertar as coisas significa passar um cheque em branco para a infindável expansão do poder do governo. Isso, por sua vez, significa a revogação silenciosa e gradual da Revolução Americana e a liberdade que ela representou como um ideal para todos. Significa abafar o tiro ouvido em todo o mundo e trazer de volta a velha ideia de que alguns são incitados a montar em outros. O fato de estarem montados em outros com um senso de missão moral e gratificação pessoal só os torna mais perigosos.

Tal arrogância moral e intelectual está em conflito fundamental e irreconciliável com a crença americana do homem comum. Alguém se referiu às massas de imigrantes que chegam aos Estados Unidos como "homens derrotados de raças derrotadas". Em certo sentido, essa pessoa estava certa, mas, em um sentido mais profundo, a história mostrou que ela estava extremamente errada. Desde sua origem como colônia, a sociedade americana era uma sociedade "decapitada" – em grande parte sem as camadas sociais mais altas da sociedade europeia. As elites mais altas e as aristocracias com seus títulos tinham poucas razões para arriscar suas vidas cruzando o Atlântico e depois enfrentar os perigos do pioneirismo. A maioria da população branca da América colonial chegou como contratados por dívidas, e a população negra, como escravos. Ondas posteriores de imigrantes eram desproporcionalmente compostas de camponeses e proletários, mesmo quando vinham da Europa Ocidental, enquanto aqueles que vinham de regiões conquistadas da Europa Oriental e dos Balcãs se encaixam claramente nas descrições de "homens derrotados de raças derrotadas". A ascensão da sociedade americana à preeminência como potência econômica, política e militar no mundo foi, portanto, um triunfo do homem comum e um tapa na cara das presunções dos arrogantes, seja uma elite de sangue ou de livros.

Agora que os Estados Unidos têm sua própria, numerosa e crescente classe de exemplos morais presunçosamente autoungidos – pessoas que se consideram "a consciência" dos outros –, essas pessoas estão tão em conflito com a crença americana do homem comum quanto com aqueles que, certa vez, falaram dos "homens derrotados de raças derrotadas". O desdém dessas novas elites pelo homem comum desaparece aos poucos, transformando-se em um senso de necessidade de privar essas pessoas inferiores de autonomia mal aproveitada e de "corrigir" um sistema que permite que os desejos das pessoas comuns prevaleçam no mercado e na vida social e política do país. Ataques frontais aos valores básicos americanos seriam suicidas, mas isso não impede ataques fragmentados ou o uso de outros países com valores muito diferentes e diferentes sistemas de governo como modelos a serem emulados.

Fatos simples são facilmente esquecidos, e suas implicações fundamentais, ignoradas quando a orientação como um todo é no sentido de encontrar falhas no próprio país e buscar "aprender" com os outros. Na prática, isso significa, com muita frequência, que a pessoa se concentra apenas nos defeitos em casa, e apenas nas virtudes – ou supostas virtudes – no exterior. Assim, os americanos podem deixar de perguntar por que os Estados Unidos são um de um grupo relativamente pequeno das raras exceções entre os países do mundo a ter liberdade, prosperidade, segurança militar e generosidade social. Todas essas coisas podem, obviamente, ser deixadas de lado e os pré-requisitos para tais benefícios, negligenciados. Para os países estrangeiros, as virtudes reivindicadas são prontamente aceitas como virtudes realizadas, sejam elas a "justiça social" nos países comunistas ou a espiritualidade na Índia.

Simplesmente não importa quantas noivas são espancadas ou mesmo mortas na Índia, porque seus dotes são decepcionantes, tampouco se a opressão continuada aos intocáveis ou a violência letal de turbas entre vários grupos sociais no país maculam a imagem da Índia como uma terra que transcendeu o materialismo e a violência dos Estados Unidos. Nem imagens de indianos dançando nas ruas depois que a Índia explodiu sua primeira bomba nuclear foi suficiente para desfazer essa visão, embora os americanos nunca tenham dançado nas ruas em comemoração a suas armas nucleares. Durante a era da ascensão do comunismo, muitos americanos e intelectuais do Ocidente mantiveram-se inabalavelmente favoráveis ao grande experimento social que estava acontecendo na União Soviética; muitos estavam positivamente entusiasmados – Stálin, Mao, Castro ou outros ditadores cujo povo estava fugindo em massa com o risco de perder a própria vida.

A consequência prática de tais atitudes não é simplesmente que crédito e descrédito possam ser transferidos. O que é muito mais importante – e mais perigoso – é uma baixa percepção das instituições e tradições que produzem a imensa boa sorte social e econômica dos americanos – e, portanto, pouca ou nenhuma percepção dos perigos de permitir que essas instituições e tradições sejam corroídas ou sejam negligenciadas em nome de algum objetivo político do momento. Grande parte do mundo hoje, e ao logo de séculos de história, sofreu as terríveis consequências do poder desenfreado do governo, a principal desgraça contra a qual os redatores da

Constituição americana tentaram se proteger. Juízes que "interpretam" salvaguardas constitucionais como se não existissem devido a alguma cruzada ideológica, presidentes que ultrapassam sua autoridade por razões pessoais ou políticas e um Congresso cujos poderes são estendidos em assuntos sobre os quais a Constituição nunca os autorizou são todos parte da silenciosa revogação da Revolução Americana.

Acompanhe a LVM Editora nas Redes Sociais

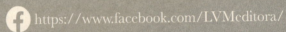 https://www.facebook.com/LVMeditora/

https://www.instagram.com/lvmeditora/

Esta edição foi preparada para a LVM Editora,
com tipografia Baskerville e Barlow Condensend,
em abril de 2023.